あなたのビジネスライフは入社3年で決まる

株式会社あとらす二十一
代表取締役
井上恒郎

ダイヤモンド社

はじめに
学生の価値観は社会では通用しない

働き方改革、ワーク・ライフ・バランス、リモートワーク、副業――様々なメディアを通じて「個性を尊重し、多様化した働き方を認める企業が増えている」という情報を、あなたも一度は目にしたことがあるでしょう。しかし、その情報は真実でしょうか?

インターネットやSNSから情報を得るのが当たり前となった現代において、どの情報が正しくて、どの情報が誤っているか、しっかり見極める力が若者のうちから求められるようになりました。

しかし多くの親は、「後悔しないようにあなたの好きな道を歩みなさい」と言って、「情報の見極め方」など教えようとはしません。学校は、ビジネス社会の荒波にもまれたことのない識者たちがカリキュラムを練っていることが多いので、授業は「理想論」に偏りがちです。

そして、メディアは、多くの人から共感を得なくては商売が成り立たないので、大衆受けする情報に偏ってしまうのは仕方がないことです。

このような現状を鑑《かんが》みれば、若者たちが偏った情報を鵜呑みにして、「企業が多様化した働き方を認めるのは当たり前の時代だ」と認識してしまうのは、当然の流れと言えるでしょう。さらに言えば、多様化した働き方を認めようとしない企業のことを、「時代遅れだ」とか「ブラック企業だ」などと非難する傾向も少なからず見受けられます。

しかし現実は正反対です。

あなたが考えている以上にビジネスの世界は残酷で、厳しい。

誰もが知る超大手企業であっても、競合を出し抜くために、血のにじむような経営努力をしています。口を開けていれば勝手にエサが入ってくるような甘い業界は一つもありません。過酷な生存競争を勝ち抜いた企業だけが、10年、20年と生き残れるのです。

そのため、会社で働く従業員たちもまた、必死に努力することが求められます。「自分が楽しく稼ぐため」とか「自分がストレスなく生活するため」といった容易な理由で、「働き方の多様化」を求めていては到底ついていけません。それが現実であることを、まずはしっかりと胸に刻んでおいていただきたいと思います。

なぜ私がこのようなことを言うかというと、私自身がビジネスの厳しい現実を嫌《いや》と言うほど味わってきたからです。

私は40年以上前の１９７９年に会社を立ち上げ、以来、経営者としてビジネスの第一線に身を置いてきました。インターネットの黎明期からＷｅｂ制作事業を開始し、その後は業界を牽引する企業として、様々な困難と逆境を乗り越えてきました。そうしてついに、上場企業の３分の１以上が顧客になるに至るまで、会社を発展させたのです。

そのような経験をしてきたからこそ、本当の現実を知らなければ、理想とのギャップに苦しむのはあなた自身だと断言できるのです。

人間誰でも苦しい状態を続けたいとは思いませんから、楽な方に逃げてしまいがちです。結果的に、会社の正社員を辞め、自由な時間を多く作れるフリーランス、派遣社員、アルバイトに流れてしまう人も少なくありません。

もちろん、それらの働き方が悪いとは言いません。人それぞれであり、その良し悪しは誰にも判断できないでしょう。しかし、何にも縛られない自由な働き方を追求するほど、収入が安定しなくなります。収入を安定させるには、誰にも負けないスキルと、幅広いコネクションを自分一人でコツコツと作り上げていかねばなりません。まさに「いばらの道」であり、相応の覚悟がなければ食うにも困る未来が待ち受けているに違いありません。

これから本書を読み進めていこうとする方は、ビジネス社会で活躍することを目標にしていると思います。**ビジネス社会で活躍できる人材になるための一歩目が、厳しいビジネス社会に順応することです**。端的に言えば、会社に慣れる必要があります。

私は40年以上、経営者として多くの若者たちの成長を見てきましたが、会社に順応するのが早い人ほど、仕事も早く覚えていき、高い成果をあげられるようになります。一方、理想ばかりを追い求め、なかなか会社に順応できない人ほど、仕事の覚えが遅く、成果をあげられない傾向にあります。あなたはどちらの人間になりたいでしょうか？

理想を追い求めるな、とは言いません。ですが、何者でもないうちから理想ばかりを掲げても、現実は何一つ変わらないことを知っておいてください。

学生時代にスポーツをやっていた人なら理解できるでしょう。あなたがサッカー部の一員だとして、全国制覇を目指すような一流のチームになるためには、まずは自分が一流のプレイヤーにならねばなりません。三流のプレイヤーが、チームを一流に導くことなどできるわけがないのです。ましてや、競技経験もない新入部員が、先輩やコーチに意見するなど、ちゃんちゃらおかしいですよね。マンガでもまずあり得ないでしょう。

ビジネスでもまったく同じです。**ビジネス経験のない若者が、インターネットで得た知識だけを頼りに理想の職場を追求しても、誰も耳を傾けてくれるわけがありません**。まずは自分自身が一流のビジネスパーソンになることから始めなくてはいけないのです。

第二次世界大戦後、日本は高度経済成長期を経て、とても豊かになりました。

多くの若者は、戦後の貧しさを知らない親に育てられ、何一つ不自由なく暮らしております。ゆとりある生活は、過酷な現実から身を守る、かっこうの隠れ蓑《みの》だったに違いありません。しかし、ビジネスの世界に一歩足を踏み入れた以上、その隠れ蓑を脱がねばなりません。もう誰かに甘えることは許されません。自分の目で見て、自分の肌で感じたことがすべてなのです。現実を受け入れなくては前に進めません。

本書を読み進めていくにあたり、まずは学生時代に培ってきたビジネス社会に対する価値観を捨ててください。そして、「世の中こんなものだ」と割り切ったうえで、自分自身がその環境の中でどのように成長できるかを考えましょう。

そうすることが、あなた自身の心を楽にし、豊かなビジネスライフに導いてくれる唯一の道なのです。

本書では、「人として、プロのビジネスパーソンとして信頼される人間」になるための行動指針を述べていきます。

多くの若者が本書を参考にして、世の中で活躍することを願ってやみません。

株式会社あとらす二十一　代表取締役

井上　恒郎

目次

第2章 人として信頼される人間になるために

第3章 1日でも早く一人前になるために

第4章 プロのビジネスパーソンになるために

第1章

自分に合った会社で働きなさい

ビジネス社会のスタートラインは、誰にとっても平等である

私の経営する会社には、毎年、様々なバックグラウンドを持った若者が入社してきます。大学卒、短大卒、専門学校卒、高卒――最終学歴も出身校もバラバラ。学んできたことや経験してきたことも皆それぞれです。私は、入社式では毎年彼ら、彼女らに対して、次のように話しております。

「ビジネス社会のスタートラインは、誰にとっても平等です。

皆さんの中には偏差値の高い人もいれば、課外活動で表彰されたことのある人、留学やボランティア活動の経験者もいるでしょう。

しかし残念ながら、ビジネスの世界に最初の一歩を踏み出した瞬間から、それら一切合切がリセットされます。つまり全員ゼロから、『よーい、ドン』でビジネスライフが始まるのです」

学生の頃、あなたは偏差値の良し悪しだけで評価されてきたのではないでしょうか。通う学校は偏差値で決まり、上位校出身でなければ一流企業に入社するチャンスも与えられないことすらあります。言うなれば、偏差値によって明確な格差があったわけです。

ところがビジネス社会では、スタートラインに立った瞬間から一変します。

なぜなら日本の学校教育が、ビジネスに直結していないためです。言い換えれば、あなたが今まで学校で学んだことは、ビジネス社会では何の役にも立ちません。あえて言うならば、役に立つのは小学6年生までの算数と国語ぐらいでしょう。

「偏差値」や「学歴」といったものは、ビジネス社会では「メッキ」に過ぎません。いざ仕事が始まればすべて剝がされます。したがって**ビジネス社会で成功を掴むチャンスは、誰にでも平等にある**と断言できるのです。

ではどのような努力をすれば、ビジネス社会で成功することができるのでしょうか？

端的に言ってしまえば、**「ビジネスの基本動作」という良い習慣を早期に身につけること**です。

ここでは具体的に「時間厳守」を例にしてみましょう。

「遅刻をしない」というのは、人として最低限守らなければいけないルールです。しかし社会人になったからにはそれだけでは足りません。ビジネスでいう「時間厳守」とは、始業から終業まで、1分たりとも無駄にせず、全力で業務に集中することを意味します。

そのため、9時始業なら、8時半までには出社できるように家を出ましょう。そうすれば多少電車が遅延しても、始業時刻に遅れることはありません。

出社後にすることは、前日の終業後に受信したメールの返信、今日やらなくてはいけない作業の確認、作業に必要なデータをそろえるなど、朝礼が終わった直後から全力で業務に取り掛かれるよう、万全の準備を整えておくことが大切です。

また終業前には、作業のやり残しがないか確認し、もし終わっていないものがあれば、必ず片づけてから帰らねばなりません。前日の積み残し作業を、翌日の業務時間に充てることは「時間厳守」の原則から外れるからです。

今例に挙げたような「ビジネスの基本動作」が習慣化している人は、仕事の内容や置かれた環境にかかわらず、確実に成果をあげることができます。その一方で間違った習慣が身についてしまった人は、一時的に成果をあげることができても、安定して成果を残すことはできません。前者の方がお客様や上司から評価され、ビジネス社会で成功を収める可能性が高いのは言うまでもないでしょう。

「時間厳守」という習慣一つ取ってみても分かる通り、「ビジネスの基本動作」を習慣化させるには、学歴や偏差値の良し悪しなどまったく関係ありません。

ですから、あなたが上位校出身者であっても驕《おご》ってはいけません。逆に学歴が良くないからといって、卑屈になる必要もありません。いつでも謙虚に、前向きに、素直な気持ちで、目の前の仕事に取り掛かる姿勢が大切なのです。

ビジネス社会では誰もがプロフェッショナルになれるチャンスがある

大学卒業と同時にゼロからプロ野球選手やバイオリニストを目指しても、まずなれません。スポーツや芸術の世界では、幼い頃から厳しいトレーニングを積み重ねたうえで、ほんの一握りの人だけが、プロとして活躍することができます。

しかしビジネスの世界は違います。

前述の通り、学校で学んだことはほとんど活かせませんから、全員がゼロからスタートすることになります。そして、**ビジネスの世界では誰もが「その道のプロ」と呼べる領域まで自分を高めるチャンスがある**ことを知っておいてください。

ところがそのチャンスを摑めないまま、道半ばで早々に諦めてしまう人が圧倒的に多いのが現実です。

例えば、寿司職人の世界では「飯炊き3年、握り8年」といって、一人前になるためには10年以上の修行が必要だと言われております。程度にこそ差はありますが、どんな仕事であってもプロの領域に達するまでには、それなりに時間がかかります。

ですから、数ヶ月やそこらやってみて上手くいかなかったからといって、すぐに見切りをつけてはいけません。一度でもそれをやるとくせになり、何をやっても長続きしなくなってしまいます。結局は何一つ満足に身につかないまま、ビジネスライフを終えることになるでしょう。


最初は何もできないのが当たり前です。失敗をしては、その都度上司や先輩から指導されることを何度も繰り返して、ようやく一つの仕事を自分のものにできるのです。

だから失敗を怖がったり、隠したりしてはいけません。

上司や先輩からの指導を嫌がってはいけません。

周囲と比べて遅れているからといって劣等感を抱いてはいけません。

例え挫《くじ》けそうになっても、「私なら絶対にこの道を究《きわ》められるのだ」と強い気持ちで、自分自身を信じ抜かなくてはいけません。

どこまでも誠実に、命じられた仕事をひたむきに遂行し続けることこそが「プロになるための道」であるのを肝に銘じて、ビジネスライフの第一歩を力強く踏み出していただきたいと思います。

会社が自分に合わなければ1日でも早く辞めなさい

昔から日本には「我慢することは偉いこと」という考え方があり、それは現代でも脈々と受け継がれております。そのため、「入社したからには会社の風土や仕事が合わなくても我慢して当たり前」と考えている経営者や管理職者が多いのではないかと思います。

その一方で、転職会社の煽《あお》り文句に踊らされ、「入社数年でキャリアアップのために転職するのは当然」と考えている若者が増えているのも現実です。

そんな中、私は毎年入社式の訓示で次のように述べております。

- 会社が自分に合わなければ1日でも早く辞めなさい
- どうしても最初の配属先の仕事が自分に合わなければ、我慢する必要はない。すぐに人事に申し出なさい
- 将来キャリアアップ転職を考えている人は、一刻も早く会社を辞めていただきたい

世の中で言われていることとは正反対の内容に、驚いた人もいるでしょう。しかし、**一流のビジネスパーソンになるためには、自分に合った会社で、自分に合った職に就き、じっくりと腰を据えて働かねばなりません。**

「会社が自分に合わなければ」というのは、「経営理念に共感できなければ」と言い換えることができます。なぜなら「経営理念」こそが、会社の風土や文化を作るものだからです。

私の会社で言えば、「人として、プロのビジネスパーソンとして、信頼され、お客様から最も愛される企業でありたい」です。

人として誠実な振る舞いをし、プロフェッショナルな仕事をすれば、必ずお客様の信頼につながります。お客様からの社員に対する信頼は、会社に対する信頼につながり、結果として利益につながると考えております。

そのため、私の会社の社員には**「目先の利益を追わず、正しい道を真っすぐに進んでほしい」**と願っております。

ところが世の中では、私の信念とは反した行動を「良し」とする風潮もあります。

分かりやすいのは「成果主義」「ノルマ至上主義」を採用している会社です。そしてそのような会社が合っている人もいます。

なぜなら「ノルマ至上主義」の会社ほど、給料の中で「営業インセンティブ」の占める割合が大きく、たとえ新入社員であっても、営業成績が良ければ高給取りになれるからです。つまり「何がなんでも年収にこだわりたい」という人です。そのような人は、私の会社には合いません。すぐに会社から去っていただきたいと、入社式で申しあげているのです。

これは「善悪」ではなく「相性」の問題です。

例えば、「賑やかな都会」と「のんびりした田舎」、どちらが良い悪いはありませんよね。そして都会が合う人もいれば、田舎が合う人もいます。

会社の風土についても同じで、「合う・合わない」は必ず存在します。合わない会社で働き続けることは、例えるなら「淡水魚が海で生きること」と同じで、苦痛以外の何物でもありません。逆に会社の風土が自分に合っていれば、伸び伸びと働くことができるでしょう。

自分に合った会社を選ぶためにも「経営理念」を就職活動の時点で押さえておくことが重要です。ところが経営理念と会社の実態がかけ離れていることも往々にしてありますから、実際に入ってみないと分からない部分もあります。

だからこそ入社後に「会社の風土が自分に合わないな」と感じたなら、1日でも早く別の会社に移った方がよいと、私は考えるのです。

最初の配属先の仕事が自分に合わなければ、我慢する必要はない

「会社の風土」だけではなく、「仕事」にも「合う・合わない」は存在します。

そして実際に働き始めてからでないと、仕事が自分に合っているかどうかは分からないものです。運悪く、自分に合わない仕事に就いてしまうと、体調に異変をきたします。

会社に行くのが苦痛で朝起きることができない、家に帰っても疲れがいっこうに取れない、仕事のストレスで不眠症に悩まされている——そんな症状が出ている人は、「仕事が自分に合っていない」と考えて間違いないでしょう。

そのような状態で働き続ければ、ミスが多くなるのは考えるまでもありません。上司から厳しく叱責されたり、同僚から白い目で見られたりすることで、さらに気落ちして体調を崩してしまうかもしれません。

そんなことになる前に、**人事へ配置転換を申し出てください。**

なお、私の会社では適材適所を人事制度の要《かなめ》としており、積極的に社員から人事異動の中

し出を受け入れるようにしております。

例えば、新卒で営業に配属されたＡ君はアポイント電話が苦手で、毎日強いストレスを感じていました。それでもしばらくは我慢して業務に取り組んでいたのですが、肌荒れや眠れないなど体調にも影響が出始めたところで、人事に部署異動の相談をしたのです。

会社はＡ君の希望を受け入れ、Ｗｅｂ制作の部門にすぐに配置転換しました。

結果的に、制作の仕事はＡ君に合っていたようで、今では毎日生き生きとやりがいを感じながら仕事をおこなっているとのことです。

しかし一般的な企業では、社員からの異動希望が通る確率は著しく低いのが現実です。

仮に、異動希望を聞いてくれる会社であっても、社員の希望する仕事が存在しない場合もあります。その際は、私の会社では「自分に合った仕事ができる会社を他で探しなさい」と伝えております。


無理をしてまで、会社にしがみつき続ける必要などありません。

人生で最も幸福なことの一つが「適職に就くこと」であるということを、忘れないようにしてください。

キャリアアップ転職を考えるなら一刻も早く会社を辞めよ

マイナビが新入社員を対象にアンケート調査をおこなったところ「3年以内に退職を考えている」と回答した人は全体の28・3%にものぼったとのことです（マイナビ転職『2021年新入社員の意識調査』より）。実際に新卒で入社後、3年以内に退職する人は全体の30%を超え、年々増加傾向にあります。

これでは「キャリアアップ転職は当たり前」という風潮が作られるのは当然だと言えるかもしれません。しかしこの際、きっぱりと断言しておきます。

日本では、新卒で入社してからわずか数年でキャリアアップできる転職などありえません。

そんなことを言うと、「欧米では転職してキャリアアップしていくのが常識ではないか」と反論する人もいるでしょう。しかし日本と欧米では実情がまったく異なります。

欧米では大学でビジネスに必要な専門知識やスキルを身につけてから職につくので、新卒者であろうとも「即戦力」として採用されます。そのため、入社後すぐに結果を出さなければば風当たりは強くなり、場合によっては解雇されることもあります。

　また欧米では「ジョブ型雇用」が基本であることも特徴的です。「ジョブ型雇用」では、仕事の内容とポジションがあらかじめ定められており、どんなに成果をあげたとしても出世できません。会社で管理職のポストに空きが出た場合でも、内部からの昇格ではなく、外部から登用するケースが主流となっています。

　そういった事情もあることから、欧米のビジネスパーソンは新たなポジションを求めて転職を繰り返しているわけです。

　一方、日本では、一部の専門的な専攻を除き、大学の授業はビジネスに直結していません。企業側も新卒者のことを「即戦力」とは考えていないので、長い時間をかけて、じっくりと業務に必要な知識やスキルを教育していきます。そしてそれらに習熟したところで、新たなポストを与えて、マネジメント力を鍛えていくのです。
　つまり**日本では所属している会社内でキャリアアップしていくのが一般的**ということになります。組織が確立されていないスタートアップ企業や、業績が芳《かんば》しくなく経営の抜本的な立て直しを迫られている企業を除き、マネジャークラスの役職者を外部から採用しているケースはほとんどありません。

ここまで説明すれば何となく想像はつくかと思いますが、「ジョブ型雇用」が主流の欧米と違って、**日本では転職したらキャリアと仕事の内容はリセットされます。**

例えるなら、中学、高校とテニス部に所属していた人が、大学からサッカー部に移るようなものです。どんなに運動神経が良くても、小学校の頃からサッカーをやってきた人に追いつけるわけがありません。

だからどんなに優秀であっても、生え抜きのプロパー社員にはかないません。当然、キャリアアップも遅くなります。そのことに納得いかず、より良い条件を求めて転職を繰り返す――まさに「転落の人生」としか言いようがありません。

それでもキャリアアップ転職を考えている人もいるでしょう。そのような人は、終身雇用を前提とした新卒採用をおこなっている会社には合いませんから、１日でも早く他に移った方が本人のためになります。

ですから、私の経営する会社では、「将来キャリアアップ転職を考えている人は一刻も早く会社を辞めていただきたい」と言うことにしているのです。

テレワークでは
ビジネスの基本動作は身につかない

新型コロナウイルス感染症の流行以降、全世界的にテレワークを導入する企業が増えたことは、ニュースなどで知っている人も多いと思います。

感染症の蔓延を防ぐという社会的なメリットだけではなく、自分だけの空間でリラックスして仕事ができるため生産性が向上する、さらに、通勤時間がなくなりワーク・ライフ・バランスが実現しやすい、など、従業員にとってのメリットだけがメディアを通じて強調されています。テレワークに切り替わったため、地方に戸建てを購入し、自然に囲まれながら仕事をする――そのような生活に密着した情報番組も、ちらほら見受けられるようになりました。そのため、多くの若者がテレワークに憧れを抱いているのが現実かもしれません。

私の経営する会社でも、新型コロナウイルス感染症のワクチン接種が始まる前までは、社員とその家族の健康を考え、全社的にテレワークを導入していた時期もあります。国からの自粛要請が出される中、これまでと同じように事業を継続できたのも、テレワークを導入したおかげなのは間違いありません。

その後も、育児や介護などの理由で、出社するよりも在宅で勤務した方が都合の良い社員、および出社困難な身体的に障がいを持つ一部の社員については、テレワークを認めています。しかし、その他の社員については出社する形に戻しました。それには３つの理由があります。

まず１つ目の理由として、とくに**入社間もない若手社員にとって「ビジネスの基本動作」は上司から直接指導を受けなければ身につかない**からです。

「ビジネスの基本動作」とは、正しい報連相、元気な挨拶、ＰＤＣＡなど、ビジネスパーソンとして信頼されるための行動規範のことです。

詳しくは次章以降で説明しますが、ここで覚えておいてほしいのは、**若手社員が真っ先に身につけるべきものは、仕事をこなすための「スキル」や「知識」ではなく、「ビジネスの基本動作」である**ということです。

「ビジネスの基本動作」は、スポーツで言えば「基本的な運動能力」のようなものです。いくら優秀なテクニックを持っていても、体力、走力、腕力などの基本的な運動能力が劣っていると一流のプレイヤーにはなれません。

ビジネスも同じです。いくらスキルや知識に長けていても、「ビジネスの基本動作」が身についていなければ、一流のビジネスパーソンにはなれません。

そして、「スキル」や「知識」は同じ仕事を何度もこなしていくうちに自然と身につきますが、「ビジネスの基本動作」は、単に仕事をしているだけでは身につかないことも覚えておきましょう。なぜなら「ビジネスの基本動作」に反した問題行動は、悪気なく、無意識のうちにおこなってしまうからです。自分で気づける人などまずいません。つまり、上司や先輩から問題行動を注意され、その場で直してもらうことを、何百回、何千回と繰り返すことでしか身につけられないのです。それをテレワークでおこなうことは難しいのです。

2つ目の理由が、**テレワークにすると「サボり癖」がついてしまう恐れが大きい**からです。オフィスは社員が仕事に集中できる環境になっています。必要な備品は揃っており、快適な空調が保たれ、通信も安定しています。また、すぐそばに、あなたの仕事をチェックする「上司の目」があり、何かあれば相談に乗ってくれる「上司の耳」があり、分からないことを教えてくれる「上司の口」があるのです。

一方で自宅はどうでしょうか。備品の調達、空調の設定、通信環境は自分の努力で整備できるかもしれません。しかし、上司の目、耳、口はすぐそばにありません。あるのは無機質なモニター画面と、周囲から漏れ聞こえる生活音だけです。こんな環境では緊張感が保てず、仕事に集中できなくても仕方がありません。

ほんの出来心で、労働時間中にＳＮＳや動画サイトを開いてしまったり、パソコンの前を離れて家事をしてしまったり……それがいつしか「習慣」となり、隙さえあれば業務以外のことにうつつを抜かすことになってしまうものです。

３つ目は、**テレワークは孤独を感じやすい**からです。

それは統計上からも明らかです。内閣府のおこなった調査によると、「テレワークで不便な点」として30％以上の人が「社内での気軽な相談・報告が困難」、「画面を通じた情報のみによるコミュニケーション不足やストレス」と答えています（２０２２年7月、内閣府『新型コロナウイルス感染症の影響下における生活意識・行動の変化に関する調査』より）。

テレワークにすると、自分からコミュニケーションを取ろうという気にはなれないものです。実際に私の経営する会社でテレワークをしている若手社員からも、「上司の様子が分からないので、『今は忙しいだろう』と勝手に考えてしまい、相談することをためらいがちになっていました」という声は少なからず上がっています。孤独感が強くなれば、それがストレスに変わり、体調に悪影響をおよぼしかねません。

これらの理由から、私は社員を出社に戻したのです。

テレワークに多くのメリットがあるのは、私自身の経験からもよく理解しています。しかし、出社して面倒を見てくれる上司や先輩と、ちょっとした雑談に応じてくれる同僚が常にそばにいるメリットの方が、はるかに大きいことを忘れないようにしましょう。

第2章

人として信頼される人間になるために

ビジネスパーソンとして当たり前なこと

『人として、プロのビジネスパーソンとして、信頼され、お客様から最も愛される企業でありたい』――これは私が起業してから40年以上、一番大事にしてきた信念であり、会社の経営理念です。

- **人として信頼される人間であること**
- **プロとして信頼されるビジネスパーソンであること**

一見すると当たり前のように思えるかもしれません。しかしこれらの「当たり前」ができていないビジネスパーソンが日本の中で増えてきました。私はその現状を非常に憂慮《ゆうりょ》しております。

まずは「人として信頼される人間であること」についてです。

現代の日本では、個人の価値観や多様性が尊重される「個人主義」が広がっております。しかし「個人主義」をはき違え、「自分さえ良ければ他人のことはどうでもいい」という行きすぎた「利己主義」を持つ人が増えてきたのは、とても残念でなりません。

特にビジネスの世界では顕著です。

- 自分の営業成績を伸ばすため、同僚が担当している顧客の情報をライバル会社に横流しする大手広告代理店の営業員
- お年寄りを騙すような手口で高額な商品を売りつける保険や金融商材の営業員
- 社会経験の少ない若者を食い物にする転職エージェントの社員

挙げればきりがありませんが、ノルマを追うばかりに人の道を外れたビジネスパーソンは少なくありません。営業員である以上、営業成績を追わなくてはならない気持ちは、もちろん理解できます。しかしどんなに営業成績をあげたくても、人としての道を外れれば、信頼されることはありません。いつか自分の身を滅ぼし、周囲にも迷惑をかけることは目に見えております。

人として信頼されるためには、嘘をつかないことはもちろんのこと、他人に対して誠実に、礼節をわきまえ、思いやりを持って接することができるようにならねばなりません。

次に「プロとして信頼されるビジネスパーソンであること」についてはどうでしょうか。

私は経営者ですから、様々な商談の機会があります。その際に「プロ意識が欠けている」と感じるビジネスパーソンは次のような方々です。

- 自社商品に関する質問をされてもその場で即答できず、一度会社に持ち帰る人
- 自社商品の説明を自分一人ではできず、5人も6人も商談に引き連れてくる人
- お客様の言いなりで、お客様にとって本当に必要なものを提案しようとしない人
- お客様が抱えている課題を見抜き、最適な提案ができない人

こういった人がお客様から信頼されるわけがありません。そうならないために、**プロフェッショナルな仕事ができるよう、常に自分を高めていくことが大切です。**

本章では、人として信頼される人間になるために身につけておきたいビジネス習慣について解説していきましょう。

あなたのビジネスライフは入社3年で決まる

「三つ子の魂百まで」ということわざがあります。これは、３歳までに形成された人格は、１００歳になっても変わらない、という意味として使われるものです。そして、それはビジネスライフにおいても、まったく同じだと、私は考えております。

すなわち、**新社会人になってから3年の間に身につけた習慣や考え方は、一生消えることはない**、ということです。私は経営者として多くのビジネスパーソンと接してきましたが、そのように断言できます。

決められた期日通りに仕事ができない人、整理整頓ができず机の上に書類が散乱している人、ミスをごまかそうとして上司に報告しない人――こういった人々のことを、あなたは人として信頼できますか？

しかし現実にはこのような人々は少なからず存在しております。さらに言えば、彼ら、彼女らはそれを「悪いこと」だと自覚していません。

なぜでしょうか？

それは「習慣」になってしまったからです。私はこのような悪い習慣を「生活習慣病」になぞらえて、「ビジネス習慣病」と呼んでおります。

「ビジネス習慣病」の怖いところは、知らず知らずのうちに身についてしまうことと、後から「悪いことだ」と気づいてもなかなか直せないところです。

「生活習慣病」も同じです。

揚げ物などのコレステロールが高いものばかりを食べ、運動をしなければ、高い確率で生活習慣病にかかってしまいます。しかし、生まれたばかりの赤ん坊が生活習慣病であるわけがないですよね。「悪い食生活」や「運動不足」といった習慣が、自覚とは関係なく、勝手に身についてしまった結果、病気になってしまうのです。

ですから、健康な体のうちから「栄養バランスの良い食生活」や「運動をする習慣」を身につけることが、生活習慣病を予防するためにはとても大切です。

ビジネスで言えば、**「ビジネス習慣病」になってしまう前に、「悪い習慣」を徹底的に排除し、「良い習慣」を身につけなくてはなりません。それができるのは、まだ何の習慣も身についていない、新社会人のうちだけ**なのです。

元気よく挨拶すること

挨拶はコミュニケーションの基本――親や先生からそう習います。ですから、ほとんどの人が「挨拶は人としての基本的なマナー」と考えているでしょう。

では、同じ会社の社員と廊下ですれ違った際に、元気よく挨拶ができていますか？　直属の上司や気心の知れた同僚ならば、笑顔で挨拶できていますよね。しかし普段の業務で関わらない相手に対してはどうでしょうか？

硬い表情のまま、すれ違いざまに小声で「お疲れ様です」と言ったり、軽い会釈でやり過ごしたりするなど、「形だけの軽い挨拶で済ませる」人が多いのが実情ではないでしょうか。

しかし新入社員のうちから「形だけの軽い挨拶で済ませる習慣」を身につけてしまうと、次第に挨拶をすること自体が億劫になっていきます。そして数ヶ月後には、廊下ですれ違っても「目線をそらして気づかなかった振りをする」ようになってしまうのは、目に見えています。

ほとんどの人が挨拶をしなかったからといって、相手のことを嫌っているわけではないでしょう。しかし挨拶をされなかった側のとらえ方は違います。どんな人でも、すれ違いざまに目線をそらされたら良い気はしません。「あの人に嫌われている」と感じてしまう人もいるでしょう。「あの人はとっつきにくい人だ」と思われても仕方がありません。

会社には人事異動がつきものですから、そう思われている相手と同じ部署になれば、居心地が良くないのは想像に難くありませんよね。

また部署を横断したプロジェクトなどで、普段接することのない相手にも協力を仰がねばならない時もあります。その際に相手があなたに対して良い印象を持っていなかったら、積極的に協力してくれると思いますか？

これらのことからも分かる通り、**普段の業務で関わらない人に対しても、元気よく挨拶することは、あなたが会社で快適に働いていくうえで非常に大切なこと**です。

そのように、ほとんどの人が「元気よく挨拶しなくてはいけない」と頭では理解していると思います。ところが、いざ挨拶の場面に出くわすと上手く言葉が出てこないのは、いったいなぜでしょうか？

「内向的な性格だから」とか「コミュニケーション能力が低いから」と、自分の気質に問題があると考えるのは間違いです。また、「相手が挨拶をしてこなかったから」とか「周りの人も挨拶していないから」と、他人のせいにするのももってのほかです。**挨拶ができないのは、あなたに「挨拶をする習慣」が身についていないだけです。**

思い返してみてください。あなたは学生時代、誰に対して挨拶をしていましたか？

挨拶が苦手な人ほど、家族、担任の先生、友達や先輩など、限られた相手にしか挨拶をしなかったのではないでしょうか。

「親しい人には挨拶をするが、そうでない相手には挨拶をしない習慣」を身につけてしまった人が社会人になり、ほとんど接点のない相手への挨拶をためらってしまうのは当たり前のことです。

一方で、新入社員のうちから誰に対しても元気よく挨拶できる人もいます。彼ら、彼女らにその理由をたずねれば、「体育会系の部活に所属しており、大きな声で挨拶することが義務付けられていた」とか、「小さな頃から誰に対しても挨拶するよう、親や学校から厳しく躾けられていた」といった答えが返ってきます。言い換えれば、「元気よく挨拶することが習慣化している」ということです。

「元気よく挨拶することが習慣化している人」は、すれ違う相手が目に映った瞬間に口と体が勝手に動いてしまうものなのです。

どんなことでも同じですが、**「習慣化」するには「何度も繰り返すこと」以外に道はあり**

ません。言うまでもなく「挨拶」も同じです。

慣れないうちは気恥ずかしさがつきまとうでしょう。また周囲の目も気になりますよね。

しかし**感じの良い挨拶をされて気分を害するような人はいません。**あなたが明るい声で挨拶するのを目の当たりにした周りの人も、あなたに対して好印象を抱きます。

ですから他人の目を気にする必要はありません。そして**何回も繰り返すうちに、自然と気恥ずかしさなど感じなくなる**ので安心してください。


もしあなたが「元気よく挨拶する習慣」を身につけることができれば、今よりも一層多くの社員から慕われ、何か困ったことがあれば周囲がすぐに助けてくれるようになります。

また自社の社員だけではなく、お客様に対しても感じ良く挨拶することができるようになるため、自然とお客様からの信頼を獲得し、それが成績となって跳ね返ってきます。

さらに近隣の方々に対しても笑顔で挨拶するようになり、地域社会からも愛されるようになっていくでしょう。自然といろいろな人と会話が増えて、交友関係も広がっていくのは考えるまでもありません。

つまり**元気のよい挨拶がきっかけとなって、人生が豊かになっていく**ものなのです。

気恥ずかしさを克服し、元気よく挨拶をすることを習慣化させましょう。

時間を厳守すること

あなたの友人の中に、「いつも待ち合わせに遅刻する人」はいませんか？「いつも待ち合わせに遅刻する人」に悪気があるわけではないことを知っているので、注意をためらう人も多いと思います。友達同士ならば、それでも許されるでしょう。なぜなら「時間にルーズである」という欠点を補って余りある友人の魅力をよく理解できているからです。

しかしビジネスの世界は違います。お客様との商談に一度でも無断で遅刻すれば、その時点であなたの信頼は失墜します。ビジネスでは、商談だけでなく、作業の納期や上司への報告など、あらゆるシーンで期限が厳しく決まっていますので、時間にルーズな人にとっては厳しい環境であることは間違いないでしょう。

では「時間を厳守すること」を習慣化するには、どのようにしたらよいのでしょうか？

それは次の2点を心がけることです。

- ダイアリーを有効に活用する
- 雑用はその場で、作業はその日のうちに、仕事は1週間で

これらについては、後ほど詳しく解説いたします。

いずれもはじめは上手くいかないと思います。それでも続けていれば、無意識のうちに「時間を厳守すること」が習慣化するのは間違いありません。

さらに覚えておきたいのは、**「時間を厳守すること」は「タイムマネジメントが上手くなること」とイコールでもある、**ということです。

なぜなら「この作業にはこれくらいの時間が必要だ」という作業時間の目算ができるようになり、限られた時間を効率良く利用できるようになるためです。同時に「締め切りよりも前に仕事を終わらせよう」という意識が自然と強くなるため、作業時間も短くなっていき、生産性が高まります。

「働き方改革」や「ワーク・ライフ・バランス」の推進によって、多くの企業が「限られた

時間の中で成果を最大限あげるための人材育成」に注力しています。

そのため、効率の良い時間の使い方を身につけることで、あなたへの信頼が強まることは疑いようがありません。

「時間を厳守すること」を習慣化するのは、その第一歩なのです。

ダイアリーを有効に活用する

時間厳守ができるようになるためには、ダイアリーの有効活用が欠かせません。なぜならダイアリーは、「商談や社内会議などのスケジュールの管理」と「やらなくてはいけない仕事（タスク）の管理」の2つを同時にできるからです。

具体的なダイアリーの活用方法は、次の2つのルールを守ることです。

ルール1　1週間分のスケジュールとタスクを、同時に確認できるようにしておく
ルール2　一度書き込んだ予定は、できるだけ動かさない

では、これらのルールについて、順を追って説明していきましょう。

ルール1　1週間分のスケジュールとタスクを、同時に確認できるようにしておく

このルールを可能にするためには、「週間レフト式」のダイアリーを使う必要があります。

「週間レフト式」のダイアリーとは、左側が1週間分のスケジュールで、右側がフリースペースとなっているタイプのものです。

このダイアリーに、次の手順でスケジュールとタスクを書き込んでいきます。

▼左のページ

・スケジュールを時系列で落とし込んでいく

▼右のページ

・左から3分の2の箇所に縦線を引く
・左に「今日やらなくてはいけないタスク」を記入する
・右に「今週やらなくてはいけないタスク」を記入する
・やり終えたタスクに線を引く

■オススメのダイアリー活用法

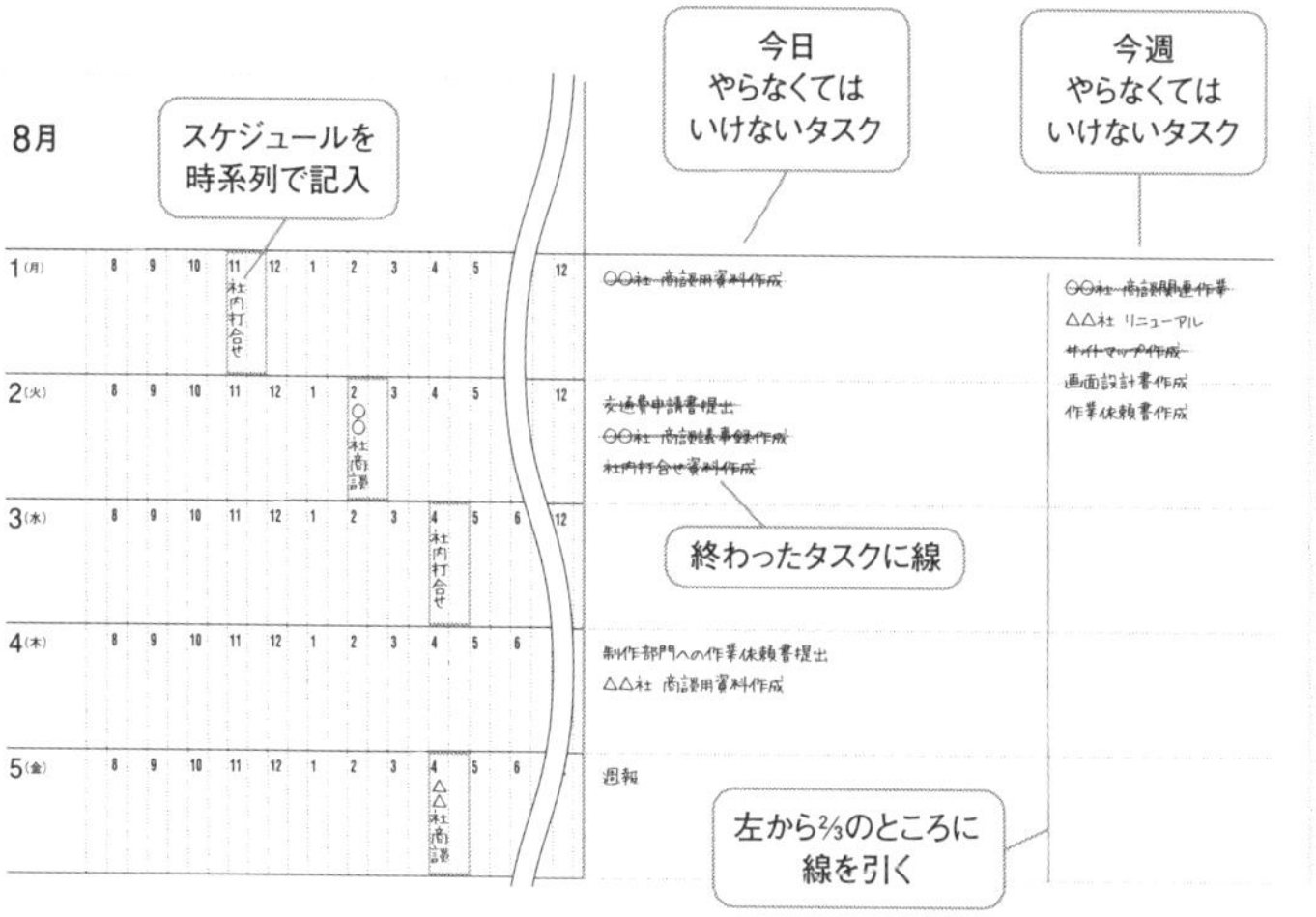

「今日やらなくてはいけないタスク」は必ずやり遂げるようにしましょう。

これにより、**タスクの締め切りに合わせ、あらかじめ作業時間を確保できるようになり、結果として締め切りに追われなくなる**のです。

ルール❷　一度書き込んだ予定は、できるだけ動かさない

ダイアリーに作業予定を落とし込んだら、その時間に商談や会議など、別の予定を入れるのは極力避けましょう。

もちろん、どんな仕事にも優先順位はありますから、緊急性の高い打ち合わせやタスクの予定を割り込ませるのは仕方ないと思います。しかし緊急性の低いものは、たとえお客様の要望であったとしても、別の空いている日程で調整するようにしなくてはいけません。

なぜなら、相手に合わせて時間を変更することが習慣化してしまうからです。そうすることで、タスクを後回しにする習慣がついてしまいます。結果として締め切りに追われる日々につながりかねません。

どうしても相手に合わせてしまう習慣が抜けない人は、ボールペンでスケジュールを書き込むようにするといいでしょう。そうすれば軽々しく予定を変更できなくなるからです。

ダイアリーを使うことも習慣の一つです。そのため、２つのルールを守ってダイアリーを使い続けていれば、何も考えなくても習慣化します。

ダイアリーの有効活用ができるようになると、タイムマネジメントが格段に上手になるので、どんどん先の予定を埋められるようになっていきます。

もしあなたが営業職であれば、お客様との商談直後に次のアポイントをその場で調整するようになるでしょう。

結果として、相手の都合に合わせて時間を空けておくような無駄もなくなり、たくさんの仕事ができるようになります。しかもタスクの管理も正確にできているため、締め切りに追われることもなく、余裕を持って仕事に臨めるようになるのです。

雑用はその場で、作業はその日のうちに、仕事は1週間で

前述の通り、「時間を厳守すること」を習慣にするためには、「雑用はその場で、作業はその日のうちに、仕事は1週間で」を遵守しなくてはいけません。

では「雑用」「作業」「仕事」とは、具体的にどのような仕事を指し、何を心がければよいのでしょうか？

それぞれについて説明していきましょう。

◉「雑用」はその場で片づけること

ものの数分で片づく業務のことを、私は「雑用」と呼んでおります。

とくに若手社員のうちは、上司から多くの「雑用」を言いつけられるのは当たり前です。

- 会議室の予約を取っておいてくれ
- この書類のコピーを取っておいてくれ

・この資料を〇〇さんに渡しておいてくれ
・郵便物を投函しておいてくれ
・これを△△社に宅配便で送っておいてくれ
・この資料の赤字を修正しておいてくれ　など

また、お客様や社内の関係者とのやり取りでも「雑用」は数多く発生します。

・ミーティングの参加要請に対する返信
・お客様や社内の関係者からの打ち合わせ日程変更への返信
・ミーティング予定に何らかの理由で出席できなくなった場合の連絡
・お客様へミーティング日程の変更を依頼
・会議の参加者への場所と日程の連絡
・お客様や社内からの、すぐ答えられる問合せへの対応　など

これらの「雑用」は、往々にして後回しにしてしまいがちです。他の業務に追われている時はなおさらでしょう。

しかし「雑用」は「放っておくとすぐに忘れてしまう時限爆弾」と考えてください。

あなたも後回しにした「雑用」について、上司から「あの件はどうなった？」と聞かれるまですっかり忘れていた、という経験はありませんか？

それは決してあなたが忘れっぽいから、ではありません。

有名な心理学の研究によれば、そもそも人間はインプットした情報を1時間のうちに半分以上も忘却するそうです。1日後には、なんと7割以上も忘れてしまうというから驚きです。

つまり、**後回しにした「雑用」は忘れてしまうのが当たり前**なのです。そして忘れ去られた「雑用」は、そのまま放置しておくと必ず爆発……つまりトラブルに発展します。

例えば、3日後に控えたプレゼンの資料作成が大詰めを迎える中、上司から「来週の月曜午後1時から、会議室の予約を取っておいてくれ」と命じられたとしましょう。

「まだ会議まで日があるから、資料作成が終わってから対応しよう」と後回しにしたことで、会議室が他の人に予約されてしまったら……上司から叱責されるだけならまだしも、他の会議室も使用中なら会議自体が流れてしまいます。これがお客様との商談だったら、会社に対する信用問題に発展しかねません。

そのようなことにならないために、**「雑用」は忘れてしまう前に片づけなくてはいけません。**そのため**「雑用」が発生したら、その場で片づける習慣を身につける**必要があるのです。

◉「作業」はその日のうちに終わらせること

「雑用」のように数分では片づけられないが、その日のうちに終わらせなくてはならないタスクを、私は「作業」と呼んでいます。

例えば「作業」には次のようなものが挙げられます。

- 作業日報、業務日報、営業日報の作成
- その日にかかった交通費や経費の申請や精算
- 簡単な資料や報告書の作成
- 1時間以内で調査が可能な、お客様や社内からの問合せ対応
- 簡単な受注、発注業務
- 次の会議のレジュメ作成と配布
- 簡単な他部門への依頼業務　など

「作業」はその場でパッと片づけられないにもかかわらず、「雑用」と同じように放置すれば、すぐに忘れてしまうので厄介です。

そこで**ダイアリーを活用**します。つまり**「作業」が発生したら、「今日やらなくてはいけないタスク」のリストに書き込んでおく**のです。

そして前項でも述べた通り、**「今日やらなくてはいけないタスク」に記入した「作業」は、必ずその日のうちに終わらせる習慣**を身につけましょう。そうすることで「作業」が漏れるのを防ぐことができるのです。

◉「仕事」は1週間以内に必ずやり遂げること

1日で終わらせることのできないタスクを、私は「仕事」と呼んでおります。具体的には次のようなものです。

- 複雑な要件の受注、発注業務
- 定型ではない個別契約書の作成
- プレゼンのための企画書の作成
- キャンペーンの結果分析とレポートの作成
- 新商品の開発計画に必要な市場調査
- トラブル後の原因調査および報告書の作成　など

これらについては、**1週間以内に終わらせる習慣を身につけねばなりません。**

私は経営者として、部下の仕事を細かく見てきましたが、**どんな「仕事」でも1週間あれ**

ば必ずできると断言できます。中には「より良いものを作るために、もっと時間が必要」と考える人もいるかもしれませんが、ほとんどの仕事は、**1週間以上かけても質は上がりません。**つまり、「より良いものを作るために、もっと時間が必要」という考え方は、「仕事」を先延ばしするための口実にすぎないのです。

ここまで「雑用」「作業」「仕事」について、それぞれ説明してきました。すべてに共通して言えるのは、**後回しや先延ばしにしてはならないということ**です。

タスクを先延ばしにする習慣が身についてしまうと、片づけなくてはならないタスクがどんどん溜まっていき、かえって自分を追い込むことになります。結果的に「いつも期限を守れない人」になってしまうのは、目に見えています。

「雑用はその場で、作業はその日のうちに、仕事は1週間で」の習慣を身につけると、タスクを先延ばしにするくせがなくなるので、結果的に「時間厳守」の習慣化につながっていくのです。

またこの習慣を身につけた人は、こなせる仕事量が圧倒的に増えていきます。

例えば1日に10の作業をこなせるとしましょう。しかし時には12の作業を任される場合もあります。

もし「何でも先延ばしにするくせ」がついていたら、「今日終わらなかった分は明日に回せばいい」と安易に考えるでしょう。ところが「雑用はその場で、作業はその日のうちに、仕事は1週間で」の習慣がついている人は、そのような思考には絶対なりません。なぜなら、その日の終わりに作業が残っていると、気持ち悪くて仕方なくなるからです。「何がなんでも1日のうちに終わらせる」と考えて、自ら作業の仕方を工夫します。結果として1日に12の仕事がこなせるようになり、さらに日を置かずして13、14とこなせる仕事量がどんどん増えていくものです。

後述しますが、どんな仕事でも1万回こなせば一人前になります。そのため、**「雑用はその場で、作業はその日のうちに、仕事は1週間で」の習慣がついている人はそうでない人に比べると、一人前になるのが早い**と言えます。その後も次から次へと仕事をさばくことで、プロの域に近づいていくのです。

「読書」は身近な例かもしれません。

日本速脳速読協会の調査によると、日本人の読むスピードは1分間に平均500字程度とのことです。例えば200ページの書籍で1冊あたり約12万字だとすると、1冊読み終えるのに4時間かかることになります。

会社勤めの場合、読書の時間に1日4時間費やすのはなかなか難しいでしょう。ですから

1冊あたり1週間かけて読む、という人が多いと思います。しかし「1日で1冊を必ず読み終えること」を目標にしながら読書を毎日続けていくと、徐々に1冊に費やす時間が減っていきます。すなわち読むスピードが格段に速くなっていくのです。

気づいた頃には、1冊あたり2～3時間で読み終えることができるようになります。

1週間に1冊しか読まない人と比べれば、7倍以上の読書量になるので、その分得られる知識も7倍になるのは考えるまでもありません。

さらにビジネスでは、メール、報告書、契約書、プレゼン資料、新聞の記事など、日常業務の中で「読む」シーンが非常に多いのが現実です。そのため、読むスピードが速ければ速いほど、多くの仕事をこなせるようになるはずです。

このように「先延ばしにしないくせ」をつけると、今の自分ではとても信じられない能力が勝手に身につきます。

「雑用はその場で、作業はその日のうちに、仕事は1週間で」を習慣化して、多くの仕事がこなせるビジネスパーソンを目指しましょう。

報連相を欠かさないこと

「報連相」とは「報告」「連絡」「相談」のそれぞれの頭文字を取ったもので、ビジネスにおけるコミュニケーションの基本です。

・報告／上司や作業指示者に業務の経過や結果を伝えること
・連絡／お客様や社内の関係者全員に情報を伝えること
・相談／仕事の進め方や職場で困っていることに対して、上司に判断を仰ぐこと

ここでは報連相を習慣化するにあたり、心がけたい３つのポイントを挙げます。

❶どんな些細なことでも、その場で上司へ報告して判断を仰ぐこと

「小さなことであれば自分で考えて、問題を解決させる」という企業が増えているのが現実です。中には「新入社員のうちから自分で問題解決をする習慣を身につけることが大切」と

いう論調まであるようです。

しかし私の会社では違います。「どんな些細なことであっても、何か疑問やトラブルが生じたら、上司に相談して、判断を仰ぎなさい」と、社員には言い聞かせております。

なぜならビジネスを理解していない若手社員の判断は、ほとんどの場合で間違っているからです。小さな問題であっても、自分一人で解決しようとすると、大きなトラブルに発展しかねないことを知らなくてはなりません。

より理解を深めていただくために、具体的な事例を挙げてみましょう。

- 作業の遅延が発生していたが、自分一人で調整できると思い、上司には「順調に進んでいます」と報告していた。しかし結局調整が上手くいかなくなり、納期ぎりぎりになってから上司に状況を報告。結果として、お客様に謝罪したうえで、納期を延長してもらうことになった。
- 依頼された見積書や注文書の作成を失念し、お客様から指摘されてから対応することが度々あった。しかし上司には都度報告していなかった。ある日、突然お客様から「おたくはどうなっているんだ！」と上司に直接クレームが入り、事態が発覚した。
- 自社のエンジニアの設定ミスが原因で、お客様のシステムに軽微なエラーが生じていることが分かった。窓口の担当者が独断で設定を調整したところ、エラーが出なくなったので、上司に事象を報告しなかった。しかし設定を変更したことで、別の障害が発生してしまい、結果的にシステム全体に影響をおよぼすような大きいトラブルにつながった。

いずれについても、まだ問題が小さい時点で上司に報告ができていたら、的確な指示のもと迅速かつ適切に解決できたでしょう。

どんな職場であってもトラブルはつきものです。そして人間は必ずミスをします。ですから「上司に怒られる」とか「自分の評価が下がる」と考えて、トラブルやミスを隠そうとしてはいけません。それを一度でもやると習慣になってしまいます。

ミスを素直に認め、問題が起きたことをすぐに報告できる人の方が、自分で何でも解決しようとする人よりも上司から信頼されることを肝に銘じて、迅速に報告する習慣を身につけてください。

❷ 経緯を口頭で説明しない。できる限りモノを見せること

報連相は「結果」から端的に説明することが肝心です。そして「結果」に至った「経緯」**については、口頭で説明するのではなく、できる限りデータや資料などを見せなくてはいけません。**なぜなら「モノ」は厳然たる客観的事実であり、「口頭」と違って、ごまかしたり嘘をついたりしないからです。具体的には次のようになります。

・商談結果／商談時に利用した見積書や提案書
・クレーム対応／お客様から送られてきたメール文面
・製品トラブル／障害を起こしている製品のサンプル
・営業進捗／月ごとの商談数や売上などの数値データ　など

❸相談や連絡の相手を間違えないこと

職場で何か困ったことがあった時、話しかけやすい先輩や同僚に相談する人もいると思います。しかしそれは間違いです。なぜなら**相談は判断を仰ぐことであり、判断は責任を伴う**からです。つまり**「相談」を受ける相手は、自身の判断に対して責任を持てる人間でなくてはなりません。それができるのは、あなたに対して管理監督の責任がある上司だけ**です。

例えば「パソコンが思うように起動しなくなった」としましょう。

少し席の離れた上司より、隣席の同僚に相談するのが手っ取り早いですよね。同僚からの「システムを初期化した方がいい」というアドバイス通りに操作した結果、大事なデータが消えてしまったら……。同僚を責めるわけにはいきません。「判断」を下したのはあなた自身ですから、データ消失の責任はあなたが負う必要があります。もしそのデータが会社にとって重要なものであったら、大きなトラブルに発展しかねません。

では上司に相談した場合はどうでしょうか。

上司であれば部下や会社がリスクを負わないよう配慮して物ごとを進めるので、的確な解決方法を示してくれるはずです。場合によっては、上司の方から情報システム部門のエンジニアを手配してくれるかもしれません。いずれにしてもデータ消失などの大きなトラブルを安全に回避できるのは間違いありません。

このように、相談事の大小や話しかけやすさにかかわらず、何か困ったことがあったら、上司に相談しなくてはいけません。

一方で「連絡」の場合、相手が1人とは限りません。複数の関係者に同じ内容を知らせるシーンもあるでしょう。その際、気をつけなくてはいけないのは、「必要な人に漏れなく連絡すること」です。

例えば次のようなトラブルは連絡漏れが原因と言えます。

- お客様との打ち合わせ日程が変更になったことが参加者に伝わっておらず、その人が誤った日時に客先へ訪問してしまった。
- お客様からの要望で納期が早まったことが作業者に伝わっておらず、納品日直前になっても成果物が上がってこなかった。

- お客様がサービスを解約したことを経理部門に連絡しなかったため、不要な請求書が発行され、お客様に不信感を与えてしまった。

大きなプロジェクトになればなるほど、関わるメンバーも多くなるでしょうから、「うっかり連絡が漏れてしまった」というミスがあってもおかしくありません。しかし単なる「うっかり」が、連絡漏れを被った相手にしてみれば一大事になることもあります。あなたの信用問題にもつながるでしょうから、連絡漏れがないか、細心の注意を払わねばなりません。

逆に誤った人に連絡してしまうと、「既にプロジェクトから外れているのに、どうして連絡がくるのか？」と角が立ってしまうこともあります。つまり「必要な人に漏れなく連絡すること」というのは、非常にデリケートです。

そうは言っても、若手社員のうちは誰に連絡すればよいか判断がつかないのは当たり前です。むしろ「この人に連絡すれば問題ないだろう」という安易な考えこそが、ミスの要因と言えます。ですから、**「連絡」の必要が生じたら必ず上司に報告し、「誰に」「何を」伝えるべきか、判断を仰がなくてはいけません。**

以上が報連相のポイントです。はじめのうちは上手くできないかもしれませんが、尻込みしてはいけません。**多少伝え方が下手であっても、「何かあったらすぐに、あなたの上司に報連相すること」を徹底してください。**

そうすることで、**大きなトラブルを未然に防ぐだけでなく、ビジネスの常識や仕事の進め方といった「見識」を体が覚えていきます。**また自然と上司とのコミュニケーションも増えるので、良い人間関係を築くきっかけになるのは、疑いようがありません。

報連相が習慣化し、無意識のうちにできるようになるまで、何度も繰り返しましょう。

PDCAのサイクルを正しく回し続けること

PDCAとは、「Plan（計画）」「Do（実行）」「Check（検証）」「Action（改善）」のそれぞれの単語の頭文字を取ったものです。

- Plan（計画）／目標を達成するための行動計画を立てること
- Do（実行）／計画の通りに行動すること
- Check（検証）／実行した結果を分析し、課題を明確にすること
- Action（改善）／課題解決の方針を決めて、目標を再設定すること

PDCAのサイクルを正しく回すことで、質の高い仕事ができるようになります。

そのため、私の経営する会社では、Web制作においても、PDCAのサイクルを回しながら成果物を作るよう、作業手順を整備しています。バナー制作を例にすれば、次のようになります。

・Ｐ／デザインラフを作成する
・Ｄ／デザインを起こし、コーディングする
・Ｃ／デザインやバナーの動作をチェックする
・Ａ／不具合を修正する

さらに、個人の目標についても、ＰＤＣＡサイクルを正しく回し続けることで、達成に近づくことができます。では具体的なＰＤＣＡの回し方について、営業を例に取って具体的に説明していきます。

まずは課せられた目標と、あなたの現状が次のようなものだったとします。

目標　　　：１ヶ月の成約件数４件
成約率　　：４件の引合で１件成立
引合獲得率：５回の商談で１件の引合獲得
商談獲得率：８件の架電で１件の商談獲得

この場合、目標を達成するためには次のようになります。

1ヶ月あたりに必要な引合数：16件
1ヶ月あたりに必要な商談数：80件
1ヶ月あたりに必要な架電数：640件

さらにこれらの数値を1週間単位、1日単位に落とし込んでいきます。
（1ヶ月あたり4週、20日とします）

1週間あたりに必要な引合数：4件
1日あたりに必要な商談数　：4件
1日あたりに必要な架電数　：32件

ここまでしっかりと計画を立てれば、あとは実行するだけです。
さらに実行の結果、目標通りに成約件数を伸ばせなかったなら、どの数値が計画よりも下回っていたのかを抜きだします。それがあなたの課題となります。その課題をクリアするために、日々の行動を見直していけばいいのです。

もしPDCAを意識せず、ただ漫然と仕事を続けていたらどうなるでしょう？

どこに課題があるのか分からないまま、いつになっても成果があがりません。仕事の工夫もなく、行動量が減っていくのは想像に難くありません。そのような人に限って、結果が出ないのを環境や他人のせいにして、「この仕事は自分に向いていない」と匙《さじ》を投げ、転職活動にいそしむのです。

一方で正しくPDCAを回せている人は、自分の課題が明確になるため、それをクリアしようと努力します。

行動を工夫し、量も増えていくでしょう。行動量が増えれば一人前になるのも早いため、仕事の質も高まっていきます。先に挙げた例であれば、8件の架電で1件の商談を獲得していたのが、5件に1件獲得できるようになるのも不可能ではありません。さらに商談の進め方も上手になり、引合獲得率、成約率も上がっていくので、おのずと1ヶ月あたりの成約件数も大幅にアップするでしょう。

どのような仕事でも最初から思い通りの結果が出るなんてあり得ません。はじめは誰でも苦労するものです。だからこそ、しっかりとPDCAを回して、自分の課題を常に明確にしておかなくてはいけません。その課題を解決しようと工夫を重ねていくうちに、いつの間にかプロフェッショナルの域まで成長しているものなのです。

整理整頓をすること

私は常々自社の社員に「**机の上に風呂敷を広げるな**」と言っております。これは「風呂敷を広げた時のように、机の上に多くの物を置くな」という意味です。

整理整頓は挨拶と同じようにビジネスの基本です。ところができていない人が多いのが実情ではないでしょうか。

まず明確にしておかなければいけないのは、「整理」と「整頓」の違いです。

・整理／必要な物だけを残すこと
・整頓／必要な物を、必要な時に取り出せるように、適切な場所にしまうこと

整理整頓が苦手な人ほど、「いつか必要になるだろう」と思い込み、モノを取っておく習性があります。しかし**ビジネスにおいて、モノを取っておくことは、そのままリスクにつながることを**忘れてはいけません。

そもそも会社の従業員として働いている以上、あなた個人で保管しておかねばならないものは、ほとんどありません。それこそダイアリーや筆記用具など、日々の業務で利用するものだけと考えて間違いありません。

業務で発生した書類や資料を保管しておくのは「あなた」ではなく「会社」です。そのため、保管すべきかどうかの判断は、あなたの仕事ではなく、あなたの上司の仕事になります。

例えばお客様からお預かりしたデータや資料の保管場所や方法に会社の定めがない場合、どのように保管するべきか上司に判断を仰がなくてはなりません。

また、マニュアルなどは利用し終えたら、すぐに決められた保管場所に戻さなくてはなりません。必要になったらその都度取りに行くことを習慣づけるといいでしょう。

できる限りモノを持たないよう習慣づけると、普段とは違うモノが周囲にあるだけで気持ち悪くなります。そのため書類などが回ってきた瞬間に処理するようになるでしょう。つまり**整理整頓の習慣化は、仕事を素早く片づける習慣化とイコール**と言えます。

また、整理整頓するのは机の上に限りません。パソコンのデスクトップ、机の引き出しの中、カバンの中――仕事中に目に入るすべての場所を整理整頓し、気持ち良く働ける環境を自分で作るよう心がけましょう。

日経新聞を読むこと

ビジネスの世界では自分の仕事に関わる知識だけあればいい、というわけにはいきません。営業職であれば、お客様との商談でマーケットや業界のトレンドが話題になる機会が間違いなくあるでしょう。内勤であっても、上司や経営層との雑談で社会情勢や環境問題が取り上げられる時もあります。

その際に、ただ愛想笑いでやり過ごすか、自分の意見をしっかりと述べられるかで、相手の印象は180度違います。後者の方が「世の中をよく知っているな」と感心され、信頼を寄せられるようになるのは言うまでもありません。

つまり**一人前のビジネスパーソンとして信頼されるようになるには、政治、経済、社会、国際情勢、環境問題など、世間一般の知識を身につけなくてはいけない**、ということになります。

ただし、これらの知識は一朝一夕に身につくものではありません。また社会情勢や経済情勢は日々変化しますから、一度身につければお終いというわけにもいきません。ではどのように身につければいいのでしょうか？

それは新聞を毎日読むことです。とくに**様々な業界や経済の情報が充実しており、ビジネスに直結した情報を得られる日本経済新聞は、必ず購読するようにしましょう。**

とは言え、新聞の文章量は文庫本2〜3冊分あるとされております。朝の通勤時間や昼休みなどのスキマ時間でくまなく読むには「無理がある」、と感じる人も少なくないでしょう。さらに専門用語が多く、「読んでも意味がまったく分からない」と嘆く人もいると思います。読み始めの頃にそう感じるのは当たり前です。いきなり無理をする必要はまったくありません。

まずは1面〜5面の「見出し」から読んでみてください。1面〜5面は「総合、政治、経済、国際、企業」の記事が中心で、お客様や経営層との間で話題に上がりやすいからです。次に「リード」と呼ばれる記事の頭を読みます。リードには記事の内容が端的に書かれているため、興味と時間があったら本文をじっくり読めばいいのです。

新聞を毎日読んでいくうちに、専門用語があっても自然と内容が頭に入ってくるようになります。読むスピードも各段に速くなるので、目を通す記事も増えていくのは間違いありません。

それからもう一つはっきり申し上げておきたいのは、**新聞を読む習慣をつけるのは若ければ若い方がいい**ということです。なぜなら**知識は積み重ねが大切**だからです。仮に40代から新聞を読み始めたとしても、20代前半から新聞を読んでいる人の知識量に追いつくことはありません。「あの時からちゃんと新聞を読んでおけばよかった」と後悔してももう遅いことを、よく覚えておいてください。

情報や知識はビジネスにおいて「武器」です。

若手社員のうちは良好な人間関係を作るきっかけになるでしょうし、管理職者になれば経営方針を決めるうえでの重要な指標にもなります。その武器をしっかりと自分のものにできるよう、日経新聞を毎日読む習慣を若いうちから身につけましょう。

専門書は常にかたわらに

ビジネスの世界に入ってからも、学生の頃と同じように自己研鑽は欠かせません。なぜなら、たとえ大企業であっても、新人研修で教えられるのは一般教養レベルの知識であり、専門知識を深く教えることは時間的に不可能だからです。

ビジネスパーソンの自己研鑽ツールと言えば、ビジネス書を思い浮かべる人も多いでしょう。実際に私も50歳まで週に2冊のビジネス書を読んできました。しかし今は読みません。なぜなら**ビジネス書は「当たり」よりも「ハズレ」の方が圧倒的に多い**と気づいたからです。

ではなぜビジネス書に「ハズレ」が多いのでしょうか?

まず挙げられるのは、ビジネスの修羅場をくぐり抜けてきた一流の経営者が書いた書籍が少ないからです。彼ら、彼女らのように本当のビジネスを知らなければ、良書を執筆することはできません。ましてや、経営者として従業員や社会に対して重い責任を担い、難しい判断を何度も迫られた経験すらないコンサルタントやいわゆる学者の書いた本は、中身がほとんどないものが多いと考えてもよいでしょう。

次に出版社が刊行する以上は売上第一だからです。少しでも耳障りなことが書いてあると、受け入れられない傾向にありますから、読者が共感するような当たり障りないことばかりが書かれた書籍が大半です。分かりやすいテーマばかりで、内容は浅くなりがちなため、分厚い書籍を読んでも、実際の業務で活かせることはほとんどありません。とくに胡散臭いキャッチコピーがついた自己啓発本は読むだけ時間の無駄です。

ではどのようにして自己研鑽をおこなえばよいのでしょうか？

それは自分の仕事に関連した専門書を読むことです。

あなたが営業であれば、商談の進め方、会社案内や自社サービスの提案方法といった基礎知識は上司や先輩から教えてもらえるでしょう。しかしサービスに関連した専門知識は自分で勉強しなくてはいけません。

例えば私の会社のようなＷｅｂ制作会社の営業であれば、サーバーやドメインなどのインフラ、ＳＳＬやＷＡＦなどのセキュリティ、ＨＴＭＬやＪａｖａＳｃｒｉｐｔなどのプログラム、ＣＭＳやマーケティングオートメーションなどのツール、ＵＸやＵＩなどのデザイン、ＳＥＯやＷｅｂ広告などのデジタルマーケティング、システム開発――などが専門知識にあたります。

それらの勉強を怠ると、お客様からの質問にその場で答えられず、いつも会社に持ち帰って調べる羽目になります。またお客様の課題を解決するための最適な提案ができません。ただ自社サービスを押し売りするだけになってしまいます。当然、お客様からの信頼を得られず、営業成績は伸びません。

一方で、専門書を読む習慣が身についている人は、まったく違います。まず難しい質問であっても、的確にその場で答えることができるようになります。さらにお客様の抱えている課題を的確に挙げ、それを解決する方法を提案できます。話す言葉に深みと説得力が増し、社内外問わず多くの人から信頼を得られるようになるので、営業成績は各段に上がっていくでしょう。

専門書には難しい専門用語も多く、読んでいても内容がまったく理解できない、と悩む人が多いかもしれません。しかし**分からない単語が出てくるたびに意味を調べる必要はありません**。そんなことをしていたら、1冊読み終えるのに膨大な時間がかかり、途中で挫折してしまうのは目に見えています。

まずは**本の内容が理解できなくても、最後まで目を通すことを目標にしてください**。何冊も目を通しているうちに、自然と単語の意味を理解し、本の内容が頭の中に入るようになるものだからです。

それから**常にかたわらに置き、少しずつでもかまわないので、毎日読み進めていくことも大切**です。なぜなら少しでも離れてしまうと、せっかく得た知識をすぐに忘れてしまうからです。

一流のビジネスパーソンほど、自己研鑽に多くの時間を費やしているものです。今の自分に満足せず、向上心を持って、専門書を読む習慣を身につけましょう。

明確な目標を持つこと

「高いやる気は岩をも砕く。無気力は紙をも破らず」

私は若い社員たちにそう言い聞かせております。やる気がない人は、ちょっとでも難しい問題にぶつかるとすぐに避けたがります。それでは誰も信頼を寄せてくれません。逆にやる気が高い人は、どんな難題にぶちあたっても敢然と立ち向かっていきます。何度もＰＤＣＡを回し続け、ついには解決に至るでしょう。そのような人が周囲から大きな信頼を寄せられるのは、考えるまでもありません。

そうは言っても、高いやる気を保ち続けるのは非常に難しい。入社3年目になっても、新入社員の頃と同じやる気を保っていたら、たいしたものです。

ではどのようにすれば、高いやる気を保つことができるのでしょうか？

それは次に挙げた2点を習慣にすることです。

- 明確な目標を持つこと
- 誰にも負けない得意分野を持つこと

それぞれのポイントについて説明していきましょう。

まずは「明確な目標を持つこと」です。
例えば、海外旅行をしたいと考えた時、あなたは最初に何をしますか?
当然、目的地を決めますよね。目的地が決まれば、限られた日数や予算に合わせて旅行の計画を工夫すると思います。勉強嫌いであっても、買い物ができるくらいの外国語を習うことを厭《いと》わないでしょう。さらに、旅行の前日までワクワクしながら過ごせるはずです。

旅行で目的地を決めることは、ビジネスで言えば「目標」を定めることと同じです。**仕事の目標があれば、工夫、忍耐、正しい努力、希望が生まれます。**

逆に目標がなければ、いったいなぜ自分が仕事を続けているのか、その意味を失うことになります。毎日を漫然と過ごすようになり、仕事への情熱も徐々に失われていきます。創意工夫もせず、忍耐力にも欠けるため、遅かれ早かれ他人から信頼されなくなってしまうのは目に見えています。

私自身、常に会社の目標を立てております。不思議なことに、それらの目標通りにならなかったことは一度もありません。ですから**一度立てた目標は、見失いさえしなければ、いつか達成される**と断言できます。

なお、現在の私の目標は、経営する会社を、名実ともにWeb制作業界のリーディングカンパニーにすることです。

ただし目標を単なる飾りにしてしまっては、達成できるわけがありません。そうならないためにも、ダイアリーの見開きに大きな字で目標を書き記し、毎日必ず目を通すようにしてください。

また目標は高いほど良いのですが、最初から高すぎると飾りのまま終わってしまいかねません。とくに若手社員のうちは自分の仕事に関連した、達成しやすい小さな目標を立てるといいでしょう。あなたが営業であれば、1日の架電数を20件から30件にするといったものです。

小さな目標であっても、達成することで自信がつきます。そして「次はもう少し高い目標に挑戦してみよう」という意欲につながっていくのです。

誰にも負けない得意分野を持つこと

人それぞれ個性があり、得手不得手はまったく異なります。

野球であれば、投げる、打つ、走る、守る――プレイヤーごとに得手不得手があり、それによって守るポジションや打順が変わります。監督はそれぞれの得意な部分を最大限活かすことで、チームを勝利に導くことができるのです。

ビジネスの世界もこれと同じと言えます。

細かい仕事が得意な人、臆せず人前で話すことができるプレゼンの上手な人、どんなに断られてもへこたれずアポイントの電話をかけ続けられる人――人によって得意な仕事が違うのは当たり前です。それが個性です。

個性は他人と比較するものではありません。ですから、苦手分野で他人よりも成績が劣っていても気にする必要はありません。

例えばあなたが営業で、商談は得意だが、架電が苦手だったとしましょう。それでも商談の機会がなければ契約も取れないので、アポイントを取るための架電を避けては通れません。架電が得意な人と比べれば、アポイント数が少なくなるのは当たり前です。

しかしそこで苦手な架電を上手になろうと考えるのは大間違いです。なぜなら苦手分野を克服するには、膨大な時間とストレスがかかるにもかかわらず、**その分野が得意な人には絶対にかなわないからです**。さらに、得意分野を伸ばすことを怠ったせいで、そこで力を発揮できなくなってしまう恐れもあります。つまり**「二兎を追う者は一兎をも得ず」**のことわざ通りに陥ってしまう、ということです。

それよりも、「業界の中でナンバーワンになる」という意気込みで得意の商談力を伸ばすようにしてください。そうすれば少ないアポイントでも契約が取れるようになるはずです。契約が取れるようになると自信がつきます。自信がつくと、苦手な仕事であっても堂々とこなうようになるため、自然と架電も上手くなり、アポイント数が増えていきます。同時に契約数も伸びていくのは説明するまでもありません。

このように得意分野を伸ばすことで、結果として苦手分野も改善されて、全体の成績向上につながっていきます。仕事の幅と厚みが増し、どんな仕事であっても自信を持って臨めるようになります。その自信が成果につながっていくのです。

Ｗｅｂ制作で言えば、デザイン、コーディング、システム開発などの専門的な仕事を得意分野にしたい、と考えている人も多いでしょう。大変、結構なことだと思います。

しかし中には、どんな得意分野を持ったらいいのか分からない、という人も少なくないのではないでしょうか。そのような人は「現場力」を得意分野にするのがよいでしょう。

「現場力」とは、今働いている場所で、お客様と会社の期待に応えられる能力のことです。

例えば次のようなものです。

- 決められた納期を絶対に破らない
- 作業が正確で、高い品質の成果物を作る
- より効率的に成果をあげられるよう改善する

これらの「現場力」を得意分野にすれば、どの仕事、どの職場についても即戦力として重宝される人材になれるのは間違いありません。

以上が「明確な目標を持つこと」と「誰にも負けない得意分野を持つこと」のポイントです。希望と自信があれば、おのずと「やる気」が高まります。

「自分以外の誰も真似できない」と言えるくらいの得意分野を持ち、明確な目標に向かって挑戦し続けて、「自信」と「希望」、そして「やる気」に満ちた充実の日々を送りましょう。

常にコスト意識を持つこと

ＳＤＧｓが世界中に広がり、一般の人にも「省資源」、「省エネ」、「食品ロスの削減」など、「無駄をなくすことの大切さ」が浸透しつつあります。ところが職場では次に挙げたような無駄をしていませんか？

・必要な部数以上にプリントアウトする
・社内の打ち合わせ用の資料にもかかわらずフルカラーで印刷する
・会社から支給されている文具品をすぐになくす
・会議室を退出する際に電気を消し忘れる　など

そんな細かいことを、と思われるかもしれませんね。しかし「塵も積もれば山となる」のことわざ通り、**小さな無駄は積もり積もって大きなコストになる**ことを忘れてはいけません。

例えば社員数１０００人の会社で、１人あたり1日1枚の印刷を無駄にしていたとしましょう。その場合、会社全体で１日に無駄にしている印刷は１０００枚。年間で24万５０００枚以上も発生していることになります。１枚あたりの印刷代はモノクロで２円程度が相場ですから、年間約50万円のコストになります。これがモノクロではなくカラー印刷であれば、１枚あたりの印刷代は10円程度になりますので、年間２４５万円以上のコストが発生するわけです。

１日たった１枚の無駄が、ここまで大きなコストにつながるとは、想像すらしていなかった人が多いのではないでしょうか。

「【利益】＝【売上】－【コスト】」です。つまり**コストを1円削減すれば、1円の利益になります。**この意識を若いうちから持っておくことは非常に重要です。なぜなら会社の経営は常に順風満帆とは限らないからです。

私の会社がそうでした。リーマンショック、東日本大震災、新型コロナウイルス感染症の流行……これまで幾度となく経済の荒波に襲われました。しかし一度たりとも赤字を出したことはありません。それを可能にした要因の一つが「コスト意識」でした。すなわち、売上が上がりにくい時期は、コストを抑えることに全力を注ぎました。結果的に、コストが売上を上回ることなく、利益を出すことができたのです。

会社で働いている以上は、全社員が一丸となって会社の利益を追求しなくてはいけません。

その際、売上を上げることばかりに目がいってしまいがちですが、コストを抑えることも同じくらい大事なことです。

常に高いコスト意識を持ち、無駄を出さない「エコな働き方」を身につけましょう。

「仕事」と「プライベート」の区別はサラリーマン根性の始まり

・プライベートでは滅多にタクシーを使わないのに、仕事ではちょっとした距離でも使う人
・休日は微熱があっても遊びに出かけるのに、仕事は、ちょっと体がだるいだけで休む人
・家庭では節約するのに、職場ではまったく節約しない人

挙げればきりがありませんが、仕事とプライベートで行動を一変させる人がいます。しかしこのように仕事とプライベートをはっきり区別することは、「サラリーマン根性」の始まりだと、はっきり申し上げておきます。

「サラリーマン根性」とは、「仕事で責任を負いたくないし、どうせ一生懸命やっても給料は上がらないのだから、上司から指示されたことだけをやっていればいい」という考え方のことです。そんな考え方が染みついている人は次のような傾向があります。

・会社の経営状態や抱えている課題など、自分の業務以外のことは興味がない

・同僚や後輩が困っていても、自分には関係ないと、見て見ぬ振りをする
・自分や自分の部署の利益にならない会社の新しいプロジェクトには非協力的な態度を取る
・改善意識が低く、自分から業務上の課題を解決しようとしない
・会社よりも自分の利益を優先する　など

「サラリーマン根性」を放置すると、「自分さえよければ他人や会社のことなどどうでもいい」と、自分中心に物事を考える習慣が身についてしまいます。当然、そんな人が周囲から信頼されるわけがありません。そのようにならないためにも、若いうちから「サラリーマン根性」を排除する必要があるのです。

ではなぜ仕事とプライベートの区別をつけないことが、「サラリーマン根性」を排除することにつながるのでしょうか？

それは**仕事とプライベートを区別しなければ、自然と経営者の視点で物事を考えられるようになる**からです。具体的に「調達（業務に必要なものを入手すること）」を例に挙げて説明いたしましょう。

経営者の視点を持っている人は、たとえ業務に必要なものであっても、「1円でも安く済

ませるべきだ」と考えます。その一方で「安物買いの銭失い」にならないよう、耐久性や将来性を考慮して高額なものもチェックします。「購入」ではなく「リース（借りること）」の可能性も視野に入れるかもしれません。いずれにしても、様々な選択肢の中からベストなものを、ベストな方法で入手しようと、手間を惜しまず幅広く情報収集するでしょう。

一方で「サラリーマン根性」が染みついている人は、「業務に必要なコストを会社が支払うのは当たり前」と考えているため、ろくに比較検討もせず、自分が一番楽に入手できるものか、自分だけが使い慣れたものを選ぼうとします。結果、相場よりも高いものを買ってしまった、他の業務に活用できず別の製品を買い直すことになった……など、無駄なコストを発生させてしまうのがオチです。

では会社の支出も自分の家計と同じように考えたらどうでしょうか？

自分の懐《ふところ》が痛むのですから、様々な商品を実際に見ながら、コストと機能やデザインを天秤にかけて真剣に悩みますよね。このように**仕事を「自分事」に置き換えれば、会社にとってベストな選択をしようと考えられるようになる**のです。

若手社員のうちから、仕事とプライベートを区別しない習慣を身につければ、経営者の視点で物事を考えられるようになります。会社の利益を最優先に考え、業務改善や新規プロジェクトに対して積極的に取り組むようになるはずです。それから、たとえ自分の利益にならなくても、他部署の人が困っていれば手を差し伸べるようになるでしょう。

こうした姿勢は、あなたの仕事の幅を飛躍的に広げます。おのずと周囲からの信頼が高まっていくのは間違いありません。

「ミーイズム」を排除すること

「ミーイズム」とは、「常に自分の利益だけを追求し、そのためなら他人に迷惑をかけることを何ら厭わない」という考え方のことです。端的に言えば「自己中心主義」と言いかえられます。「ミーイズム」の若者が明らかに増えたと感じるのは、きっと私だけではないはずです。

本当はこんな話をしたくないのですが、先日、私の故郷の名産品である玉ねぎを希望する社員に配ったところ、残念なことにお礼を言ってきた人はわずかでした。この時ばかりは、自己の社員教育の失敗を恥じ入ったものです。相手に感謝する気持ちが薄れ、「ミーイズム」が知らず知らずのうちに世間一般に広がっていることを感じざるを得ませんでした。

会社は組織で成り立っています。社員一人一人に役割があり、それらの役割を組み合わせることで日常の業務が回っています。

ですから、たった一人でも欠ければ、たちまち業務に支障をきたします。体調不良などで数日間だけの欠勤であれば、一時的な体制を敷くことでカバーできるでしょう。

しかし「退職」となると事情は変わってきます。

欠員が出ても業務を今まで通りに回さなくてはいけませんから、会社は人員配置の見直しを余儀なくされます。さらに新しく部署異動した人に仕事を覚えてもらい、退職者の仕事の引継ぎもしなくてはいけません。つまり社員が退職するにあたっては、残された社員たちへのしわ寄せを最小限にするように、それなりの準備期間が必要になるわけです。

ですから退職したいと考えた場合は、はじめに上司に退職の相談をするべきです。そのうえで、業務の引継ぎについて上司と話し合い、退職日を調整します。そして退職日が決まったところで「退職届」を上司に提出します。

「立つ鳥跡を濁さず」のことわざ通りに、自分自身の都合だけを優先するのではなく、お世話になった先輩、同僚、後輩に迷惑をかけないように段取りを整えてから会社を去る――これが人としての最低限のマナーであり、ビジネスの常識です。

ところが、何の前触れもなく、いきなり「退職届」を提出する人がなんと多いことでしょうか。しかも事前に転職先の入社日を決めており、「今月末をもって退職したい」と申し出てくる始末……。中には「2週間前に申し出れば退職できるはずです」と、SNSなどで知った情報を鵜呑みにして、自身の権利を振りかざす人までいます。

前職の状況を確認せずに、勝手に入社日を決めてしまう転職先企業の対応もいかがなものかと思いますが、最も非常識なのは退職者本人なのは言うまでもありません。

彼ら、彼女らの頭の中にあるのは「1日も早く今の会社を辞めて、次の職場に移りたい」ということだけであり、同僚や後輩、ましてやお客様でさえもどうなろうと知ったことではない——これを「ミーイズム」と言わずして、なんと言いましょうか。

これは何も退職時の行動に限ったことではありません。

成果物を次の工程の担当者に引き渡す際の配慮を欠く人も多く見受けられます。具体的には、不完全な原稿で入稿する、依頼内容に不備がある、依頼書に書いてある内容が書いた本人にしか分からない、などといったものです。

ただし私は、「ミーイズム」がはびこっていると言っても、「他人に迷惑をかけてもいい」と考えている人ばかりだとは思いません。どのような行動をすれば他人に迷惑がかかってしまうのか、単純に知らないだけだとも考えております。

よって「ミーイズム」が浸透してしまったのは、決して若者たち本人だけの問題ではありません。むしろ親や学校の先生をはじめ、周囲の大人たち、ひいては社会全体の問題です。

彼ら、彼女らが躾をしてこなかったことが大きな要因と言えましょう。

例えば「個性の尊重」や「多様性」といった言葉がＳＮＳを中心に飛び交っていますが、大人たちから正しい意味を教わった記憶はありますか？

まずありませんよね。

個性とは人間としての基礎が成り立ったうえで主張されるものです。ですから、「他人を思いやる」や「人に迷惑をかけない」といった社会生活の基本的な考え方を身につけていることが前提となります。

しかし誰からも正しい意味を教わらなければ、これらの語句を「自分の好き勝手に振舞っても許される」と都合の良いようにとらえてしまうのは仕方がありません。

本書を手に取っているのは、ビジネスパーソンとして成功したいと考えている人たちばかりでしょうから、**「周囲への迷惑もかえりみず、自分勝手に振舞っていれば、必ず痛いしっぺ返しがあなたを待っている」**という事実を、この機会にしっかりと覚えておいていただきたいと思います。

「ミーイズム」を排除するには、相手を思いやる行動をすることです。

だからと言って、相手に過剰なサービスを提供しなさい、と言っているわけではありません。そんなことをすれば自分も相手も疲れてしまいますし、かえって押し付けがましく感じられてしまうでしょう。

ですから、**自分の周りにいる人に感謝する気持ちを忘れず、事あるごとに「ありがとうございます」と口に出して言うことから始めましょう。**

テレワーク等で直接言う機会がなければメール１本でもかまいません。とにかくすぐにお礼を伝える、それだけをまずは徹底してみてください。またその際は、**形だけで謝意をあらわすのではなく、心から感謝する気持ちを持つようにしなくてはいけません。**

はじめのうちは意識しなくてはできないかもしれません。それでも何度も繰り返しているうちに、相手に感謝する気持ちを持つことが習慣化します。感謝の気持ちを持つことが習慣化すれば、自然と思いやりのある行動ができるようになります。

その頃にはあなたの中の「ミーイズム」は完全に排除され、お客様、上司、先輩、同僚、後輩、ひいては友人や近隣住民などといった多くの人から信頼されるようになるでしょう。

ビジネスは一人で成り立つものではありません。周囲からの助けが不可欠です。そして自分から周囲に手を差し伸べることを習慣にしていなければ、いざという時に周囲から助けられることはありません。したがってプロのビジネスパーソンほど、優れた人間性を持っているものです。その原点が「感謝の気持ち」であるのは間違いありません。

目の前の人に感謝できる人間になれるよう、「ありがとうございます」と口に出すことを習慣化しましょう。

第3章

1日でも早く一人前になるために

入社1年目から活躍しようと思うな

第1章でも申しあげた通り、ビジネスの世界で「プロフェッショナル」と呼ばれるようになるまでには、それなりの時間が必要です。基本が身についた状態でプロの世界に足を踏み入れるスポーツや芸術とは違い、ビジネスの世界では全員がゼロからのスタートだからです。

そのため、入社1年目から成果をあげて、華々しく活躍しようと思ったら大間違いです。まずは1日でも早く「一人前」になることを目指さなくてはいけません。

ビジネスにおける「一人前」とは、会社から与えられた仕事を、自分一人の力で遂行し、期日までに期待された結果を出すことを指します。文章にしてしまえば、まったく難しくないように感じるかもしれませんね。しかし現実はそう簡単にはいきません。

例えば、あなたが営業部門に配属されたとして、初日に上司から「来月までに契約を3件取ってきて」と命じられたまま、放置されたらどうでしょうか？

いったい何から手をつければよいか分からず、戸惑ったまま時間が過ぎてしまうことは目に見えています。アポイントを取るための架電、商談、見積りの作成、提案書の作成、プレゼン、クロージング――あらゆるシーンで上司や先輩からフォローしてもらいながら仕事を進めていかねばならないでしょう。それらのフォローなしで、目標の契約数を取れるようになって、はじめて「一人前」と言えるのです。

このように**「一人前」になるためには、仕事全体の流れを理解したうえで、自分の役割を確実にやり遂げる力をつける必要があります。**そこで本章では、若手社員が「一人前」になるために必要な心がけを、説明していきます。

仕事は頭で覚えるな

あなたは中学、高校の授業内容を今でも鮮明に覚えていますか？
期末テストが終わったとたんに頭の中から綺麗さっぱり消え去ってしまった、という人がほとんどでしょう。つい数ヶ月前に受講した大学の講義ですら、その内容を覚えている人は少ないと思います。

会社の研修も何ら変わりません。試しに同じ部署の先輩に、「新入社員研修で習ったことを覚えていますか？」と聞いてみてください。「まったく覚えていない」という回答が返ってくるはずです。

それは両方とも「座学」でおこなっているからと言えます。残念ながら、「座学」で教わったことは、たった数日のうちに忘れてしまうのが現実なのです。
その一方で、図工、楽器の演奏、調理実習、理科の実験、プログラミングなど、実際に手を動かした授業は、記憶の片隅に残っている人が多いのではないでしょうか。

すなわち**座学ではなく、実践で学んだことの方が記憶に残りやすい**ものなのです。
このことは、アメリカの国立訓練研究所が、学習方法ごとにその内容の保持率を表した、「ラーニング・ピラミッド」という学習モデルで明らかにしております。

▼ラーニング・ピラミッド

・座学で学ぶ…………………………5％
・本を読んで学ぶ……………………10％
・動画で学ぶ…………………………20％
・実際に誰かがやっているのを目の前で見る…………30％
・学んだことに対してグループディスカッションする 50％
・学んだことを実践してみる………75％
・学んだことを誰かに教える………90％

■ラーニング・ピラミッド

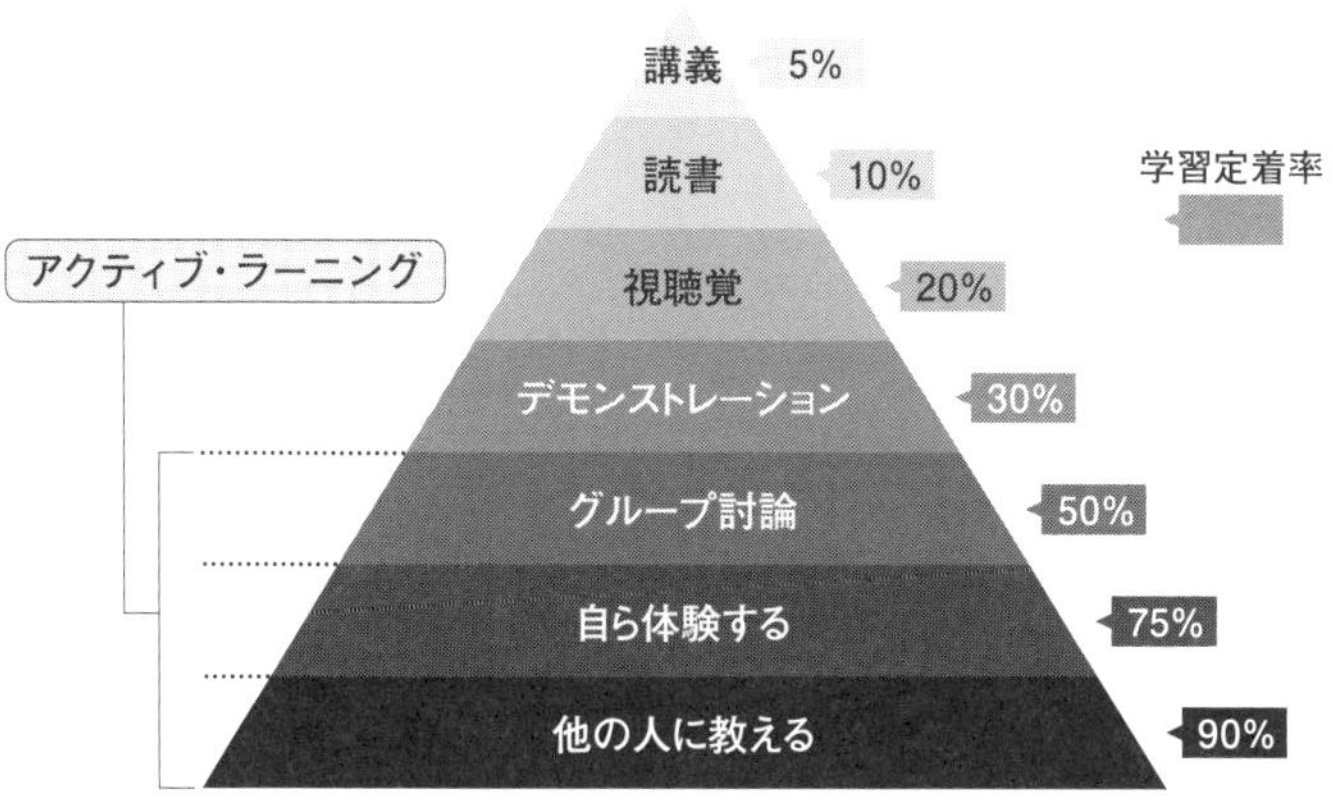

出典：U.S.National Training Laboratories

仕事に置き換えれば、座学の研修で教わった内容を、実際の業務で実践することでようやく覚えられる、と考えて間違いありません。つまり、**仕事は頭ではなく、体で覚えるものだ、**ということです。

それからもう一点、**「理解すること」**と**「身につくこと」**は、まったく別物であることを理解しておきましょう。

自転車の運転を思い浮かべれば分かりやすいのではないでしょうか。サドルにまたがって、ハンドルを両手で持ち、ペダルをこげば、自転車を運転することはできます。しかしそんなことを理解したからといって、すぐに自転車に乗れるようにはなりません。実際に自転車に乗って、何度も練習する必要があります。

仕事もまったく同じです。**研修で学んだことを業務で使えるレベルにまで「身につける」には、自転車の運転と同じように、何度も実践を繰り返さなければなりません。**

どんな仕事であっても、頭で理解するのはさほど難しくありません。しかしその時点で**仕事を「分かった気」になって実践を怠れば、一人前にはなれません。**

教わったことを実践し、上司から間違いを指摘され、その間違いを直してもう一度実践する……これを何度も繰り返して、ようやく一つの仕事を身につけられます。その過程では数えきれないほど失敗するでしょう。時間も忍耐も必要です。それでも自転車の運転と同じように、**一度体で覚えてしまえば、二度と忘れることはありません。**それから自然と工夫できるようになり、仕事の幅が広がっていくものなのです。

頭で理解したからといって、「分かった気」にならないこと。体に叩き込ませるための実践を惜しまないこと――それらが一人前になるための必須条件であることを、忘れないようにしましょう。

どんな仕事も1万回を早く達成した者が勝ち

仕事で一人前になるには、難しいテクニックを身につけたり、資格を取得したりしなくてはいけないのではないか——そのように身構えてしまう人もいるかもしれません。しかしそんな必要はありません。なぜなら**どんな仕事も1万回繰り返せば一人前になれる**からです。

「本当にただ繰り返すだけで一人前になれるのか？」と疑うかもしれませんが、よく思い返してみてください。スマホのフリック入力、パズルゲーム、パソコンのタイピング——何度も繰り返すことで、何も考えなくても勝手に上達することは日常にもあふれています。仕事もまったく同じなのです。

ところが何も考えず繰り返せばいいだけにもかかわらず、なかなか1万回を達成できない人も多くいます。それはなぜでしょうか？

典型的な2つのパターンを挙げながら説明していきましょう。

１つ目のパターンは、別のことに目移りしたり、飽きてしまったりして、１万回達成する前にやめてしまう人です。

どんな仕事でも同じですが、何度か繰り返していくうちに、自然と体が慣れていきます。そこで「仕事が身についた」と勘違いしてしまうと、このパターンに陥ってしまいます。このような人ほど、「この会社で学べることはもうないから、次の職場に移ろう」と、安易に転職を繰り返す傾向があります。

しかし、ちょっと慣れたからといって、しっかり身につける前にやめてしまえば、数ヶ月後にはすっかり忘れてしまうことを知っておかねばなりません。

「習い事」が良い例でしょう。せっかく習い始めても、すぐにやめてしまえば、結局のところ何も身につかないまま。お金と時間を無駄にするだけです。

言い換えるならば、**一つの仕事を1万回続けることすらできない人間が通用するほど、ビジネスの世界は甘くない**、ということです。

もう一つのパターンは、１万回に達する前にもかかわらず、思うような結果が出ないことで「この仕事は向いていない」と自分で勝手に失格の烙印《らくいん》を押し、ペースダウンしてしまう人です。そのような人は、ますます成長が遅くなり、結果を出せるようになるまでに膨大な時間がかかってしまいます。

例えばルート営業。配属されたばかりの頃は1日10社回っていたのに、半年後、1200社回ったところで、1日2社しか回らなくなってしまったとしましょう。1万社まで残り8800回ですから、1年で245日出勤するならば、1万社を達成するまで約18年もかかるわけです。

一方で、1日10社のペースをひたむきに守り続けた人は、約4年で1万社に達します。その後も同じペースで回り続ければ、前者とは比べ物にならないほどの営業力がつき、成績も雲泥の差になっているのは火を見るよりも明らかです。

Web制作の現場でも、会社から決められたフォーマットと手順でページを制作するなど、毎日同じような作業が延々と続く場合もあります。

それでも飽きずに1万回コツコツと続けることで、より効率の良い手順やフォーマットの問題点などが見つかるようになり、積極的な業務改善ができるようになるのです。

先ほども申した通り、若手社員のうちは1日も早く一人前になることに集中しなくてはいけません。途中でペースダウンしたら、下手すれば定年まで1万回達成できないかもしれません。したがって1万回達成するまでは、周囲と比べて焦ってはいけません。自分の可能性を疑ってはいけません。他の仕事に目移りしたり、楽な方に流れたりするのは論外です。

余計なことにとらわれず、与えられた仕事を黙々とこなすことに集中してください。

東京パラリンピックで金メダルを獲得した車いすテニスプレイヤーの国枝《くにえだ》慎吾選手は「3万回のマッスルメモリー」といって、一つのショットを身につけるのに最低でも3万回は繰り返し練習するそうです。

かの長嶋茂雄氏も、大学時代は1日1000回の素振りを欠かさなかったと言われています。その長嶋氏が監督になってから「4番1000日計画」と銘《めい》打って、毎日マンツーマン指導で昼夜問わず素振りさせたのが松井秀喜氏です。結果、松井氏は入団3年目で読売巨人軍の4番となり、その後、日本を代表するスラッガーへと飛躍を遂げたのです。

彼らの例からも分かる通り、**素質を開花させるには地道な練習をひたすら繰り返すより他ありません。**

自分の素質を開花させ、ビジネスの第一線で活躍するためにも、目の前の仕事を1日でも早く1万回達成できるよう頑張りましょう。

考えるな、工夫するな

仕事を進めていくうちに分からないことに直面するシーンはよくあります。その際、あなただったらどうしますか?

巷では「若手社員のうちから自分で考えるくせをつけた方がいい」という考え方もありますが、私はそうは思いません。なぜなら仕事も世間も知らない若手社員の判断は、たいてい間違っているからです。そのため、私の会社では**「どんな些細なことであっても、何か疑問やトラブルが生じたら、上司に相談して、判断を仰ぎなさい」**としています。これは、第2章の「報連相を欠かさないこと」でも述べた通りです。

そもそも上司は、部下が何も考えなくても作業できるレベルまで落とし込んでから、仕事を割り振るべきです。若手社員相手なら、なおさら注意を払わねばなりません。ですから作業中に判断に迷うことがあったら、あなたの作業の仕方が悪いのではありません。上司の指示の仕方が悪かったのです。だから小さなことであっても「この部分のやり方が分かりません」と聞かなくてはいけません。

例えば、「円《えん》3つと、直線1本を、絵に描いてください」と上司に指示されたら、あなたはどのようにしますか？

お団子のように、同じ大きさの円を3つ横に並べ、その中心を直線で貫く人。雪だるまのように、大きさの違う円を縦に並べ、一番下の円に沿うように直線を引く人――様々なパターンが考えられますが、どれも「ビジネスシーンでの正解」とはいえないでしょう。

なぜなら先の質問の正解は、「具体的にはどのような絵を描いたらよいのですか？」と上司に聞く、ということだからです。安易に「これで大丈夫だろう」と判断することは、余計なトラブルを招く原因になりかねません。

今挙げた例は、某大手電機メーカーのマネジメント研修の課題の一つですが、指示される側も、常に「指示された手順で何も考えずに作業ができるか」という観点を持っておかねばなりません。

裏を返せば、「考えること」は上司に求められることです。**若手社員のあなたに求められているのは、上司から指示された手順通り、何も考えずに作業をこなし、1万回続けることで一人前になること**なのです。

それからもう一つ、注意すべき点があります。

仕事に慣れてくる頃になると、「効率良くやろう」という気持ちが生まれてくるものです。つまり、なるべく楽して作業を終わらせようとする心が芽生えてきます。

例えば、上司から「ＡＢＣＤ」の手順で作業するように指示されたとします。はじめのうちは、その手順通りに進めていたものの、ある時点で「Ｃ」と「Ｄ」を入れ替えた方が、無駄がなく、作業スピードも向上することに気づいたら、あなたならどうしますか？　その方が仕事の効率がいい、もしかしたら上司にほめられるんじゃないか。そんな思いが頭をよぎり、やり方を変えてしまう人がいます。しかしこのとき、「Ｃ」と「Ｄ」を入れ替えて「ＡＢＤＣ」の順で作業してしまったとしたら、それは間違いです。

そんなことを言うと「自分で考えて工夫するのは、悪いことではないのではないか？」と疑問を持つ人もいるかもしれません。しかし先ほども言いましたが、「考える」のは上司の役割です。上司は作業効率だけでなく、成果物の出来栄え、事故のリスク、作業者の能力など、様々なことを考えて手順を決めています。そのため、作業者が安易に手順を変えてはいけないのです。

何に対しても効率を求めようとするのは、単に自分が楽をしたいだけです。その習慣を若いうちから身につけてしまうと、良いことは何一つありません。自己中心的で、身勝手な人間になってしまうのは目に見えています。

上司から指示された手順通りにひたすら繰り返すうちに、その手順の中で、おのずと「工夫」できるようになります。作業の無駄がなくなり、動きが洗練されるからです。手順を変えるのはそれからです。

見出しの「考えるな、工夫するな」とは、言い換えれば「愚直でありなさい」ということです。「愚直」という単語を国語辞典で引くと、「愚かなほど正直で、知恵がなく、臨機応変の才能に欠けるさま」（『精選版 日本国語大辞典』より要約）と出てきます。あまり良い印象に思えないかもしれません。しかし、若手社員のうちは「愚直」くらいでちょうどいいのです。余計なことを考えず、上司から言われたことを素直にこなす勤勉さは、必ずあなたの武器になります。

なお「愚直」の反対語は「狡猾《こうかつ》」です。「愚直」と反対の道を行けば、どのような人間になってしまうか、何を言わずとも想像がつくのではないでしょうか。

プロセスを大事にせよ。結果はおのずとついてくる

入社直後から優秀な成績を収め、周囲から脚光を浴びたい――そんな風に考えている人もいるでしょう。中には上司や先輩から「仕事は結果がすべて」と教えられたため、「結果に強くこだわらなくてはいけない」と思い込んでいる人もいるかもしれません。しかし若手社員のうちから結果だけを追求するような習慣を身につけてしまうと、自分で自分の首を絞めるような苦しい未来が待ち受けていることを、正しく知っておかねばなりません。

そもそも**一人前になる前に得られる結果なんて、「水物《みずもの》」以外の何物でもありません。**

仮にあなたが営業職であれば、営業所の立地、担当する顧客リスト、景気、流行など、結果を左右する要因は数多く存在します。これらについては、あなた一人の力ではどうにもなりません。言い換えれば、「運」の良し悪しで、結果が変わるわけです。そのため、大手になればなるほど営業成績だけで人事考課をすることはありません。

ところが、今流行りのＩＴ企業やベンチャー企業を中心に「過剰な成果主義」が横行し、

若いビジネスパーソンの多くが結果に踊らされてしまっているのが現実です。

中には、ちょっと良い結果が続いただけで舞い上がってしまい、「自分は仕事ができる」と勘違いする人がいます。

そのような人に限って、地道な努力を怠り、会社から言われた通りにやらず、自分勝手な行動に走りがちです。そして少しでも結果が出なくなると、他人や環境のせいにして、自分の未熟さから目をそらすようになるでしょう。いつまでも過去の栄光にしがみつき、実力がない割にプライドだけは一丁前に高い――そんな人間になったらもうおしまいです。どの会社に入っても、爪弾《つまはじ》きにされることは明白です。

その一方で、悪い結果が続いたことで焦ってしまい、結果に強くこだわりすぎてしまう人もいます。

しかしその傾向が強くなりすぎると、お客様の状況には目もくれず、自分の成績のためだけに行動するようになります。強引に高額プランを契約させようとするスマホの販売員や、こちらが「不要です」と断っているにもかかわらず、しつこい勧誘を繰り返す不動産投資のセールスマンなどは、まさにそれに当たります。

さらに度が過ぎると、相手を騙すような手口を使うことすら厭《いと》わなくなります。全国の郵便局員が、顧客にとって不利益な保険契約を強引にさせていたことが発覚し、社会問題にまで発展したのは記憶に新しいと思います。残念ながら、似たようなケースは表沙汰になっていないだけで、世の中にあふれています。

善悪の判断がつかなくなり、平気な顔をして不正を繰り返すようになれば、どれほど悲惨な未来が待ち受けているか……説明しなくても想像がつくでしょう。

このような事態に陥らないためにも、**とくに若手社員のうちは、結果にこだわりすぎてはいけません。あなたが大事にすべきことは、プロセス（結果に至るまでの過程）です。**

「家庭菜園」を思い浮かべてください。

野菜の種を土にばらまいただけでは収穫できませんよね。土壌を耕し、等間隔に種をまき、適度な量の水や肥料をやり、雑草を抜き、害虫を駆除する――こういった「プロセス」を経て、ようやく実を結びます。

もちろん天候や病気など、自分ではどうしようもできない要因で苗が育たないこともあります。しかし正しいプロセスを踏めば、高い確率で美味しい野菜を収穫することができるはずです。逆に、正しいプロセスを知らないまま、たまたま上手くいっても、次も同じように成功するとは限りません。

つまり、**環境や条件に左右されず、良い結果を安定して出し続けられるようになるために**

は、正しいプロセスを身につける必要がある、ということになります。ですから若手社員のうちは、結果よりもプロセスを大事にしなくてはいけないのです。

では、仕事の正しいプロセスを知るにはどうすればよいのでしょうか？

間違っても、ビジネスのハウツー本やセミナーから知ろうとしてはいけません。それらはあくまで一般論で、実際のビジネスとはかけ離れているのが現実です。

先に挙げた「家庭菜園」では、野菜の種類や気候などによって、栽培方法は千差万別です。仕事もまったく同じですから、会社は自社の商材やマーケットの状況などを考慮しながら、常に最適なプロセスを追求し続けています。

したがって**会社が決めた仕事の進め方こそ正しいプロセスだと断言できます。もっと言えば、上司の指示された通りに実行し続けていれば、何も考えなくても勝手に正しいプロセスが身につく**ということです。

ただし、上司の指示通りに実行しているつもりでも、はじめのうちはなかなか結果が出ないものです。その際、往々にして陥りがちなのは、会社の決めたプロセスを疑ってしまうことです。そして「自分の力でなんとかしよう」と考えて、指示に反した行動を起こしてしまう人もいます。ところがそんなことをすれば余計に結果が悪くなるのは明らかです。

そう言うと、「自分で考えることは、そんなにいけないのか？」と反発する人もいるかもしれません。しかし先ほども話した通り、会社は様々なことを鑑みて、しかも酸いも甘いも噛《か》み分けた百戦錬磨のベテラン社員たちがプロセスを練り上げています。ビジネスのいろはも知らない若手社員が考えたプロセスとは比べ物にならないほど、精度が高いのは疑いようがありません。ですから会社の決めたプロセスを正確に遂行していれば、必ず良い結果が出ます。

たとえ思い通りの結果が出なくても、上司から指示された仕事の進め方を疑ってはいけません。疑うべきは自分の行動です。指示されたプロセス通りに遂行できていない箇所がある、と思考を向けるくせをつけましょう。

では「指示されたプロセス通りに遂行できていない箇所」を正確に把握するには、どのようにすればよいのでしょうか？

残念ながら、どんなに優秀な人であっても、自分一人で見つけることは非常に難しい。なぜならば、自分の仕事の姿を自分で見ることはできないばかりか、誰しも自分が可愛いため、「ここができていない」と認めることができないからです。

あなたの抱えている問題点を明確に指摘できるのは、常にあなたの仕事をチェックしている上司だけです。**なかなか思うような結果が出ない時は、一人で抱え込まず、必ず上司に見**

てもらってください。その上で、正しいやり方を指導してもらい、次の機会でその通りに実行すればいいのです。

正しいプロセスを体に叩き込ませるには、今私が話したことをただひたすら繰り返すしか道はありません。ウルトラＣもなければ、近道もないのです。

だから周囲から過剰なプレッシャーをかけられたとしても、正しいプロセスを見失ってはいけません。ちょっと良い結果が出たからといって、自分のやり方に固執してはいけません。

目先の結果に惑わされず、１日でも早く正しいプロセスを体で覚えられるよう、目の前の仕事を指示通り実直にこなしていきましょう。

人から遅れているからといって気にするな

「同期と比べて仕事を覚えるのが遅くて辛い」
「同僚よりも作業スピードが遅いので、すごく焦っている」

このように他人と比較して、気に病んでしまう人がいます。中には「自分はセンスがないのだ」と自己嫌悪に陥って、会社を去ってしまう人もいるくらいです。

しかしはっきり断言しておきます。**人と比べて遅れているからといって気にする必要は微塵もありません。**

私の経営する会社の新入社員の中には、美大でデザインを専攻してきた人や、大学の授業でＨＴＭＬコーディングやプログラミングを学んできた人がいる一方で、それらにまったく触れてこなかった人もいます。

入社後2～3ヶ月は、彼ら、彼女らの間にスキル面で差があるのは確かです。しかし半年も経てば、ほとんど差がなくなります。そして、1年後には皆横並びになるものです。だから人より覚えが悪くても全然かまわないのです。

また、作業スピードについても同じことが言えます。「早ければいい」と思い込み、要領良く何でもパッパッと素早くこなそうとする必要はまったくありません。むしろスピードを重視するあまり、正確性に欠けては本末転倒です。

したがって、最初は作業スピードを気にせず、正確性を重視して、丁寧にこなすことを習慣化してください。他人より時間がかかってもかまいません。ビリでも気にしないことです。何度も同じ動作を繰り返していくうちに、スピードは確実に速くなっていき、周囲と比べても遜色《そんしょく》がなくなるので安心してください。

逆に、最初からスピードを重視してしまうと、間違ったやり方が習慣化してしまい、後から正確性を向上させようとしても決して上手くいかないことを覚えておきましょう。

そもそも**仕事は他人と比較するものではありません。**常に自分の中で課題を見つけ、一つ一つ乗り越えていくことで一人前になります。つまり自分自身との闘いです。にもかかわらず、同期や後輩と比べて劣等感に苛《さいな》まれ、心に病を負ってしまう人までいる現実は、実に嘆かわしいことです。

それは日本の教育が、「偏差値至上主義」であることが悪影響をおよぼしているからに他ありません。偏差値とは、全体の中で自分の点数がどの位置にいるかを数値にしたものです。言い換えれば、「他人と比べた際の良し悪し」を数値で表したものとなります。あなたも「偏差値は高ければ高いほど良い」と親や先生から何度も言い聞かされてきましたよね。偏差値で優劣が決まり、偏差値で未来が決まる――そんな環境にいたのですから「他人と比較すること」が習慣化してしまっているのも無理はありません。

だからと言って、その悪しき習慣を放置したままでは、あなたの成長が阻害されてしまいます。百害あって一利なしです。一刻も早く捨てなくてはなりません。

すなわち**「人から遅れているからといって気にするな」**とは、言い換えれば**「他人と競おうとする悪しき習慣を捨て、自分自身に打ち勝つことに集中する習慣を身につけなさい」ということ**です。

どんな仕事でも最初のうちは、「つまずき」の多い方が良い。つまずかないと分からないことが、たくさんあるからです。そのため、つまずいたことで他人よりも覚えが遅いからといって、あなたの評価が悪くなることなど絶対にあり得ません。

いくらつまずいても、へこたれず、焦らず、コツコツと1万回繰り返しているうちに、実力はついてきます。実力は結果になって必ずあらわれます。そして、そのような「仕事に対する誠実な姿勢」を周囲は評価するのです。

すべての仕事は単純な作業の集合体

私の経営する会社には、Ｗｅｂサイトの公開前に品質を検証する専門セクションがあります。

具体的な検証方法は、パソコン、Ａｎｄｒｏｉｄのスマートフォン、ｉＰｈｏｎｅなどの様々な端末を使って、1ページずつチェックを繰り返すことです。まさに単純作業の集合体そのものと言えます。

ところが、残念ながらこのセクションに配属された新入社員の中には、すぐに仕事に飽きてしまう人がいます。

彼ら、彼女らに限らず、どの職場であっても、「クリエイティブな仕事をしたい」とか、「大きな仕事を任されたい」という希望が強い人ほど、「誰でもできる仕事を押し付けられたくない」と考え、単純作業をおろそかにする傾向にあります。

ところが、**単純作業をおろそかにしていると、大きな仕事を任されるチャンスが巡ってこ**

なくなることを覚えておいてください。

なぜならば、**いかに大きな仕事であっても、紐解いていけば単純作業の集合体であり、一つ一つの単純作業の「質」がしいては仕事全体の「質」につながるからです。**

Ｗｅｂサイトであれば、いかに素晴らしいデザインであっても、表示が崩れるようでは意味がありません。

また、どんなに優れた機能を採用しても、動作が不安定では使い物になりません。

そして、同じスマートフォンでも機種によって一部の仕様が異なりますから、それら一つ一つで丁寧に動作検証する必要があります。

つまり、公開前の検証作業は単純作業の集合体ですが、とても大切な仕事であり、決しておろそかにしてはいけないのです。

そのように頭で理解できても、毎日同じ作業の連続では「本当にこのままでいいのか」と将来に不安を覚えても何らおかしいことではありません。しかしそんな時でも、絶対に手を抜いたり、仕事を投げ出したりしてはいけません。

単純作業をコツコツと正確にこなし続けることで、自然と様々な知識が身につき、大きな仕事ができるようになるからです。

先に述べたＷｅｂサイトの公開前の検証作業ならば、毎日繰り返しているうちに、ユーザビリティ（ユーザーにとっての使いやすさ）、アクセシビリティ（障がい者も含めたすべてのユーザーにとっての利便性）、デザインの良し悪しなどに関する知識が自然と身につきます。

その頃には、少しずつ大きな仕事を任されるようになるのは間違いありません。

もし単純作業が嫌になって、専門的な知識を身につける前に投げ出してしまったら、これまでの積み重ねはすべて水の泡になってしまいます。

したがって、目先の不安にとらわれず、将来の目標だけを見据えて、命じられた単純作業を誠実にこなしていきましょう。その積み重ねが報われる日は必ずくる――そう信じ抜いた人に大きなチャンスは巡ってくるものなのです。

専門知識は1年、業界知識は3年以内に、新聞・専門書は永遠に

新型コロナウイルス感染症が流行する前まで、私はなるべく自分の会社の社員たちと昼食と夕食を社長室で取るようにしておりました。仕事に関することはもちろんのこと、時事問題から、最近の流行に至るまで、いろいろな話をしたことをよく覚えております。

その中で「若いのによく世の中を知っているな」と感心することもあれば、「ベテランなのにこんな常識も知らないのか」とため息をつくこともありました。

先述の通り、ビジネスの世界はみんなゼロからのスタートになります。これまで学校で学んできたことはほとんど活かせませんから、仕事で一人前になるためには、新たな知識を身につけなくてはいけません。だからと言って、学生の頃と同じように机の前に座り、テキストを開いて勉強する必要はまったくありません。そんなことをしても、翌日には勉強したことの7割以上は頭に入っていないでしょうから、まったく意味がないのです。

では、どうしたら知識が身につくのか。答えは非常に単純で、普段から新聞や書籍で情報に触れているだけでよいと考えております。毎日情報に触れているうちに、何も意識しなく

ても、勝手に豊富な知識が身についていきます。つまり、先の物知りの若手と、常識すら知らないベテランの差は、地頭《じあたま》の良さの問題ではなく、普段から自主的に新聞や書籍を通じて情報に触れる習慣が身についているかどうかだけの差と言えます。

ではどのような知識を身につけなくてはいけないのでしょうか？

まず真っ先に身につけてほしいのは「専門知識」です。

「専門知識」とは、自分の仕事に欠かせない知識のことを指し、どんなにかかっても1年以内に身につけなくてはいけません。

厳しいと思われる人もいるかもしれませんね。しかし、あなたが普段何気なく遊んでいるスマホのゲームを思い返してください。スタート画面の使い方、ゲームのルール、基本的な攻略テクニック——ゲームで言えば、これらが専門知識にあたります。考えるまでもなく、チュートリアルなどを通じて真っ先に覚えますよね。でなければ、ゲームを進めることはできませんし、何よりも楽しめないでしょう。

仕事もまったく一緒です。専門知識がなければ仕事になりませんし、やりがいも生まれません。

例えば、あなたが人事部門に配属されたなら、雇用や採用に関する専門用語はもちろんのこと、労働基準法などの法律の内容も押さえておかねばなりません。

それらの知識がなければ、上司から指示された業務の内容すら、まともに理解することができないでしょう。言うまでもなく社内外からの問合わせに答えることもできません。そんな状態では、専門的な仕事を任せられるわけがありません。誰でもできるような雑用ばかりを命じられることになります。結果として、仕事の幅を広げることができず、いつまでたっても一人前になれるわけがないのです。

さらに、本章の冒頭でも話した通り、与えられた仕事をこなせるようになるだけでは、一人前とは言えません。会社から期待された結果を出す必要があります。そのためには、専門知識に加えて、次に挙げたような「業界知識」も必須と言えます。

- 業界の全体像とプレイヤーの種類
- 市場や技術の動向
- 業界特有の慣行　など

これらについては、東洋経済新報社が発行している『会社四季報 業界地図』に目を通せば、大まかなことは理解できます。ただし仕事で結果を出すには、それだけではまったく足りません。そのため、自分で適切な専門書や業界情報サイトを見つけて、知識を得るようにしてください。とくにあなたが営業などのお客様と直に接する職種であれば、業界知識が乏しいとお客様から相手にすらしてもらえません。当然、安定して結果を出すのは不可能です。もっと言えば、会社や自分が担当している顧客の業界についても精通しておかなければ、窓口の担当者とまともにビジネスの会話ができず、恥をかくことになるのが目に見えています。

逆に、顧客の業界についてよく知っていれば、課題解決に対して主体的に取り組めるようになり、自然と顧客から信頼される人間になれるでしょう。

ですから、吸収力の最も高い入社後3年以内には、自社と顧客の業界知識を身につけるようにしましょう。

また、法律、技術、市場のトレンドなど、ビジネスを取り巻く環境は日々変化しております。それに伴い、身につけるべき知識も常にアップデートしていかねばならないことを忘れてはいけません。

したがって、ビジネスパーソンである以上は、経済新聞、専門書、業界情報サイトなどに目を通し続ける必要があります。

そうは言っても、仕事をこなすのに精いっぱいで、専門書や業界情報サイトに目を通す余裕なんてない、と嘆く人も多いと思います。

しかし30歳、40歳になって「これから知識を身につけます」ではもう遅いのです。頭の柔らかい20代前半のうちから情報に触れている人には絶対に追いつけません。

移動中などのちょっとした隙間時間でかまいませんので、入社直後から専門書、経済新聞、業界情報サイトに触れる習慣を身につけてください。

それでも最初のうちは億劫に感じるかもしれません。しかし数ヶ月もすれば、何も考えずとも、暇を見つけては勝手に目を通すようになっています。

小さな積み重ねが、やがて大きな差になります。

その差が、周囲からの信頼や仕事の結果となって、如実にあらわれることを忘れないようにしましょう。

第4章

プロのビジネスパーソンになるために

一人前で満足するな。プロフェッショナルを目指せ

仕事が自分一人でこなせるようになったからといって、満足してはいけません。むしろ「ここからが勝負！」と、ますます意気込んで精進に励むべきです。なぜなら**「一人前」と「プロフェッショナル」では大きな隔たりがあるからです。**

野球を例にすれば非常に分かりやすいでしょう。

ボールを投げる、打つ、キャッチするといった基本動作ができるようになれば、草野球の試合に出ることは可能です。何試合かこなしていけば、そこそこ良い成績をあげられるようになるでしょう。だからと言って、プロ野球の世界でも同じように活躍できるなんて、大それたことを考える人は誰一人として存在しませんよね。

同じように、料理が得意でも今すぐ有名レストランのシェフにはなれませんし、カラオケでハイスコアが取れても明日からプロの歌手になることはできません。そんなことは常識です。

しかしビジネス社会ではどうでしょうか？

少し仕事を覚えたからといって、「自分はできる」と勘違いして、飽きてしまったり、惰性で続けてしまったりしていませんか？

それではいつまでたってもアマチュアのまま。「プロフェッショナル」にはなれません。

だからこそ仕事を覚えてからが、本当の勝負なのです。

ビジネスにおける「プロフェッショナル」とは、次のような人のことを言います。

- **難題に直面しても、冷静に対処し、解決へ導ける人**
- **業務改善の意識を常に持ち、アイデアを実行に移せる人**
- **お客様の課題やニーズを瞬時に見抜き、最適な提案をその場でできる人**
- **常に前向きで、周囲の人間に良い影響をもたらす人**

そこで本章では、プロのビジネスパーソンになるための心がけを説明していくことにしましょう。

仕事に困難はつきものである

なるべく楽な仕事をしたい――そう考えている人は少なくないと思います。しかし、困難を伴わない仕事はすぐに廃《すた》れますから、もはや仕事とは呼べません。したがって、仕事に困難はつきものであると、覚悟を決めて取り掛からねばなりません。

時には「自分では乗り越えられない」と感じるほど、高い壁にぶつかることもあるでしょう。困難に直面することは日常茶飯事と言っても過言ではありません。

そんな時、逃げ出したくなってしまうのは、人間であれば仕方ないことです。ところが、**困難を避けたままでは、いつまでたっても成長しません。成長なくして成果の改善もありません。**ですから、困難に直面した時、逃げずに立ち向かわなくてはならないのです。

では、どのように困難を乗り越えていけばよいのでしょうか。

その説明をする前に、絶対にとらわれてはいけない考え方から述べます。それは「自分一人で創意工夫して壁を乗り越えようとすること」です。

第２章の「報連相を欠かさないこと」の中で、「ビジネスを理解していない若手社員の判断は、ほとんどの場合で間違っている」と言いましたが、仕事の創意工夫についても同じです。とくに高い壁を前にした時は、不安や焦りといった感情で目が曇りがちです。正常な思考ができず、間違ったやり方で壁に向かっていくことになるでしょう。

結果として何をやっても上手くいかず、時間だけを浪費し、より精神的に追い込まれていくのは目に見えています。善悪の感覚すら麻痺し、ついには不正を働いたり、詐欺まがいの手口に手を染めたりしてしまう事態にも陥りかねません。

したがって、**仕事で困難に直面した時に、自分の力だけで乗り越えようと考えるのは大間違いである**、ということを絶対に忘れないようにしましょう。

「受験勉強」を思い返してみてください。

偏差値がなかなか上がらず、思い悩んだ経験のある人は多いでしょう。そんな時、自己流で闇雲に勉強しても、思い通りの結果は得られません。塾の講師、学校の先生、希望校に合格したＯＢ・ＯＧ、自分の親――人生の先輩たちに相談し、新たな参考書を購入したり、勉強のやり方を見直したりしたと思います。

仕事もまったく同じです。**乗り越えられそうにない壁にぶつかった時は、あれこれ悩む前**

に、上司に相談するようにしなくてはいけません。なぜなら、あなたの仕事、あなたの能力、問題の解決方法を一番よく知っているのはあなたの上司をおいて他にいないからです。

上司に相談した際、仕事の進め方を全面的に直すよう指示されることもあるでしょう。今までの自分を否定された気分に陥り、反発したくなるかもしれません。しかし、言われた通り素直に遂行してください。必ず結果が変わってきます。

逆に、「何も変えず、今まで通りにやりなさい」と言われることもあります。そのアドバイスを疑ってはいけません。たとえ目先の結果が出なくても、何度も繰り返しているうちに自然と仕事の質が高まり、困難を乗り越えることができる――あなたの上司はそう考えているに違いないからです。

会社の経営は、社員一人一人の成果が集まって成り立っています。そのため、あなたが困難に直面している時、会社は全力であなたのことを応援します。何としても壁を乗り越えて、より成果をあげられる人間になってほしいと願っているのです。あなたの成長に責任を負っている上司であれば、その気持ちが社内の誰よりも強いことは疑いようがありません。だからこそ、困難を一人で抱え込む必要はまったくないわけです。自分が何に困っているのか、どんなことを難しいと感じているのか――上司に対して正直に話し、これからどのようにしたらよいのかを聞かなくてはいけません。

オリンピックで金メダルを取るような超一流のアスリートですら、コーチの存在は欠かせません。あと1㎝、あと0・1秒の壁をコーチと二人三脚で何度も乗り越えて、栄冠を勝ち取るのです。

あなたにとってのコーチは上司です。あなた自身の秘めた可能性と、上司の指導を信じて、たちはだかる壁を乗り越えていきましょう。その先に、自分でも信じられないくらいの成長と成果が待っているはずです。

難題は、もつれた糸をほぐすように一つ一つ解決しなさい

仕事を進めていると、思わぬ難題に直面することは、しばしばあります。その際に、快刀乱麻《かいとうらんま》を断つように一気に解決しようとする人がいますが、それは間違っています。もつれた糸をほぐすように一つ一つ丁寧に解決していかなくてはいけません。

身近なところで言えば、「料理」が良い例でしょう。料理が苦手な人は、なぜ美味しい料理を作ることができないのでしょうか？それは基本的な工程をおろそかにして、自分の勘だけで一気に作ろうとするからです。そのため、レシピから大きく外れたアレンジを勝手にしたり、濃い味付けにしてごまかそうとしたりします。１００回に1回くらいは奇跡的に上手くいくかもしれませんが、料理の腕前は一向に上達しないでしょう。

美味しい料理を作るためには、レシピに書かれている手順通りに進める、食材の下ごしらえをする、分量をしっかり量る、味見をしながら味付けを整える、といった料理の基本をし

っかり守って、丁寧にこなしていくことが大切です。

仕事で直面する難題も同じです。ただし、料理と違ってレシピが用意されているわけではありません。では、どのように進めていけばよいのでしょうか？

例えば、普段は口頭やメールだけでやり取りをしているお客様から「次回の打ち合わせに役員が出席するので、これまでの成果を資料にまとめておいてほしい」と求められたとします。もし今まで一度も資料作成をした経験がなければ、まさに難題ですよね。

この時、いきなりパワーポイントやエクセルで図表を作り始めてはいけません。まずは資料の「プロット」を作ります。「プロット」とは、資料の目的を明確にしたうえで全体の流れを作成し、さらに資料に掲載する図表のイメージを練ることです。

「プロット」を作り終えた時点で、上司に確認してもらいます。上司から「プロット通りに作業を進めてもよい」と了解を得られたら、会社で決められている資料のフォーマットを利用して資料を作ります。その後、上司や関係者にチェックしてもらい、修正すべき箇所を修正し終えたところで、ようやく資料が完成します。

このように難題に直面したら、いきなり作業に取り掛かるのではなく、作業手順を練ることから始めなくてはいけません。そのうえで、前述したようなオン・オフのレベルまで作業を分解する必要があるのです。

しかし、作業手順を練る、作業を分解する、といきなり言われても、若手社員のうちはそのやり方が分からないのは当然です。したがって難題に直面した時は、必ず上司に相談してください。**上司がいかにして難題を解決していくのか――そのやり方を間近で体験し、自分の体に叩き込ませていく**のです。

それから、作業を進める中でも、要所要所で「このやり方でよいのか」を確認してもらうようにしましょう。先の例で言えば、一つの図表を作成するたびにチェックしてもらってください。何回も似たような図表を作っていくうちに、徐々に自分一人でできるようになるものだからです。

前にも述べた通り、とにかく自分一人で判断しない習慣が大切です。すなわち、**仕事を進めていくうえで難題に直面した場合、「これで大丈夫だろう」という憶測を一切排除し、細かい部分まで一つ一つ丁寧に、上司にチェックしてもらいながら解決していくことを徹底しなくてはいけません。**

とは言え、若手社員のうちは任される仕事も単純なものが多いので、難題に直面する機会は少ないかもしれません。仮に直面したとしても、自分の工夫できる範囲で解決できてしまうことも多いと思います。

それでも面倒くさがらず、上司に相談しながら解決していくようにしましょう。なぜなら

難題を解決する能力は、頭の良さや特別な資質によるものではなく、正しい解決方法を習慣化しているか否かがすべてだからです。

そしてその能力が身についているかどうかが問われるのは、大きな仕事を任されるベテラン社員になってからであることも覚えておかねばなりません。

言うまでもなく、仕事が大きくなるにつれ、直面する課題の難度も上がります。これまで何でも自分一人で解決してきたことで、間違ったやり方が習慣化してしまった人は、難題につまずき、大きな仕事を成し遂げることはできないでしょう。

逆にこれまで上司と一緒に解決してきた人は、培われた解決能力を武器に、いかなる難題にも果敢にチャレンジし、大きな成功を手にすることができると思います。

ビジネスパーソンにとって、難題を解決する能力は非常に強力な武器となります。その能力を１日も早く身につけるためにも、難題に直面した時は、あなたの上司とともに、もつれた糸をほぐすように一つ一つ解決していくよう心がけましょう。

アイデアが生まれたら、自分で実行しなさい

仕事に慣れてくる頃になると、徐々に全体の流れが分かるようになってきます。すると「もっとこうしたら効率がいいのに」とか、「ここは○○を導入すべきだ」とアイデアが浮かんでくるものです。ただし、**どんなに優れたアイデアであっても実行しなければ何の意味もない**ことを忘れてはいけません。

中には、会社の上司や他部署の人間に対して、批判めいた口調で自分のアイデアを押し付けようとする人もいます。

問題を発見し、改善したいと考えることは、素晴らしい姿勢です。しかし自分で実行に移す気もないのに、業務上の問題点を他人に咎《とが》めるような習慣を身につけては絶対にいけません。言い換えれば、**「有言不実行」な人間になってはいけない**、ということです。そのような人を「社内評論家」と呼ぶそうです。

テレビに出てくる評論家と同じですね。新型コロナウイルス感染症が流行し始めた頃、政府のやることなすことに対して、偉そうに批判だけを並べていた人を、あなたも一度は目にしたでしょう。そんな人を見て、「自分で行動を起こそうともしないのに、無責任極まりないな」と感じませんでしたか？

もしもあなたが「社内評論家」になってしまったら、周囲から彼ら、彼女らと同じような目で見られていると考えましょう。

だからこそ、アイデアが浮かんだら、これまでも述べてきたように、まずは上司に相談したうえで、自分で実行してみてください。

実際にやってみなければ分からないことは、あなたが思う以上にたくさんあります。優れたアイデアであっても、実行したら全然上手くいかなかった、ということもあるでしょう。むしろ成功することの方が珍しいかもしれません。

それでもまったく構いません。仮にあなたのアイデアに対して、周囲から否定的な意見が出たとしても、あなたの評価が下がることはありません。逆に、「どうせアイデアを出しても、誰からも相手にされないから意味がない」と考えて、業務改善の意識すら持たず、ただ与えられた仕事をこなしているだけでは、あなたの評価は頭打ちになります。成長も止まってしまい、いつまでたっても「アマチュア」の域を出ることはできません。

なぜなら**業務改善の意識を持ち、生まれたアイデアの実行を習慣化することで、当事者意識が生まれ、あらゆる仕事に対して責任感と主体性を持って取り組めるようになる**からです。言うまでもなく、仕事の質は格段に向上します。

つまり、**生まれたアイデアを実行に移すということは、あなたがプロのビジネスパーソンになるために避けては通れない道**ということなのです。

では、どのようにしてアイデアを実行すればよいのでしょうか?

具体的な例を挙げながら説明していきましょう。

他部署からのあなたに対する作業依頼が、メールや電話でおこなわれており、作業漏れや伝達ミスが頻発しているとします。そこで、帳票を通じて作業依頼をしてもらう、というアイデアを思いついたとしましょう。

まず真っ先におこなうべきことは、上司にアイデアを提案することです。その際、次の2点を述べてください。

- あなたが問題だと考えていること
- 改善の具体的な方法

上司は「既存の仕組み（システムや帳票など）を活用できないか」というアイデアを、あなたと一緒に考えてくれるはずです。もし既存の仕組みを改訂することで状況を改善できるようであれば、具体的な改訂内容を上司とともに考えて実行に移せばいいわけです。

一方で、既存の仕組みで解決できない場合は、新たな仕組みを作る必要があります。その際、いきなり作り始める人がいますが、それは間違っています。そんなことをすれば、作り手のエゴに偏った仕組みになってしまうのが、目に見えているからです。

ですから、次の点に注意をしながら、「仕組みの設計」から始めてください。

- 業務のフローを作成し、その仕組みを、誰が、いつ、どのようにして利用するのか明確にしておくこと
- 誰でも、何も考えずに利用できるような仕組みにすること

つまり、**新たな仕組みを作る際は、実際にそれを利用する人に寄り添った設計を心がけることが肝要**です。

帳票であれば、記入方法が分かりにくくないか、作業に必要なすべての内容を網羅しているか、承認者がチェックしやすい見た目になっているか、などに注意を払いながら、作らねばなりません。

また、設計に基づきプロトタイプ（試作）を作り終えた時点で、上司や関係者にチェックしてもらうことも忘れないでください。問題点の指摘があれば、それを改修し、指摘がなくなったところで、完成版を作ります。

その後、社内全体に向けて、新たな仕組みと、その利用方法を周知して、ようやくアイデアの実行が完了となります。

このように、ビジネスでアイデアを実行するには、非常に大きな手間がかかります。決してあなた一人で完結させることはできません。先にも言いましたが、これだけの手間をかけても、アイデアが採用されないことも多々あります。

それでも、業務改善の意識を常に持ち、アイデアを生み続け、それらを実行に移すことを習慣化してください。特別な資質などまったく必要ありません。何度も繰り返していれば、勝手に身につきます。

この習慣を身につけた人は、自分だけでなくチームの仕事の質を高めることができるようになります。自然と周囲からの信頼が高まっていき、ひいては会社全体から必要とされる、唯一無二の存在に成長することができるのです。

プロならば、依頼・問合せには、その場で的確に対応しなさい

例えば、あなたがアパレルショップで店員に次のような質問をしたとします。

「新しい服が欲しいのですが、どれがよいでしょうか？」

この質問への回答として、次の2人の店員がいたら、どちらに信頼を寄せますか？

店員A「でしたら、今若い子たちの間で流行している、新商品のワンピースがオススメです。こちらは生地に特殊な素材を使っており、夏は涼しく、冬は暖かく着ることができますので、長いシーズン楽しめます。また、同じ型の商品と比べてお値段も抑えてあります。さらに、地球環境に配慮したサスティナブルな商品でもあります。カラーは3パターンの中から選べますので、選択の幅も広いですよ。まずは試着してみてはいかがでしょうか？」

店員B「新しい服をお探しですね。ありがとうございます。では、お客様にピッタリな商品をオススメいたしますので、最初にいくつか質問させてください。まず、お探しの商品はアウターとインナーのどちらでしょうか？　それからカジュアルなものと、フォーマルなもの、どちらがお好みか、教えていただいてもよろしいでしょうか？」

多くの人が「店員Bの方が、本当に欲しいものを提案してくれそう」と感じたのではないでしょうか。

ところが、得てして店員Aのような対応をしてしまう人が多いのが現実です。しかし、**相手からの質問に対して、よどみなく答えることと、自分の知識を披露することばかりを考えて対応すると、相手が本当に求めている回答からかけ離れたものになってしまう場合があります。**そのような人は、いくら知識が豊富でもプロフェッショナルとは言えません。

的確な対応とは、相手が本当に欲していることを見抜き、適切に応えることです。

したがって、**相手から質問されたら、その真意を確認するために、まずは質問で返すことが大切です。**

またこちらからする質問については、二択にするなど、相手が余計なことを考えずに答えられるものを心がけましょう。

相手の真意を理解した後、回答に移るわけですが、その際に専門用語を並べて答える人がいます。しかし、それでは単なる知識のひけらかし以外の何物でもなく、アマチュアの域を出ないことを知っておいてください。

例えば「Ｗｅｂ業界」では、次のような内容をよく耳にします。

「お客様の場合、ＫＰＩをＣＶ数に設定するべきです。ＣＶ数を最大化するために、まずはＳＥＯを意識したマークアップと、直帰率を抑えるためのＬＰＯから始めましょう」

専門用語や横文字をずらりと並べると、いかにもプロっぽく聞こえますよね。ですが、Ｗｅｂの知識がない人にしてみれば、いったい何を言っているのか、さっぱり分かりません。

あなたなら、言っていることが分からない相手と仕事をしたいと思いますか？

こちらが分からないのをいいことに、都合の悪いことを隠したり、高額なものを売りつけようとしたりしているのではないか――そう勘繰られても仕方ありませんよね。

では、先ほどの例を次のように言い換えたらどうでしょうか？

「お客様の場合、目標数値をホームページからの申込数にするのがよいでしょう。申込数を最大化するためには、Ｇｏｏｇｌｅ検索からの流入を増やさなくてはいけません。ですから、まずはＧｏｏｇｌｅ検索で上位表示されやすくなるような、ホームページの作り方にしましょう。それから、せっかくホームページに訪れてもらっても、申込みフォームにたどり着く前に離脱されては意味がありませんから、ユーザーが最初に訪問するページのデザインを工夫する必要もあります」

専門用語が最小限に抑えられており、圧倒的に分かりやすいですよね。

これらの例からも分かる通り、**どんなにもっともらしい言葉でも、相手に伝わらなければ何の意味もありません。**

もちろん相手の知識レベルによっては、あまりに平易な言葉ばかりだと、かえって回りくどく感じられてしまうこともありますので注意が必要です。

プロフェッショナルはそのことをよく知っているので、**相手の理解度に合わせて理解できるような言葉を使い分けているのです。**

- 質問や依頼をされたら、対応する前に相手の真意を確認すること
- 相手の知識レベルに合わせて言葉を使い分けること

これら2点を心がけて対応すれば、相手は「この人ともっと一緒に仕事をしたい」と感じるのは間違いありません。

ところが頭で理解できても、いざ実行するとなると非常に難しいものです。本書を読んだからといって、すぐにできるようになると思ったら大間違いです。

では、的確な対応を身につけるためには、何をすればよいのでしょうか?

まずは知識をつけること。その道のプロであれば、お客様の二歩、三歩先くらいの深い知識が不可欠です。ですから、専門書や業界情報サイトなどに目を通すことを欠かしてはいけません。

この分野なら誰にも負けない、という自負があれば、どんな質問に対しても堂々と答えられるようになるはずです。

次に、何度も質問や依頼の対応をすることです。最初のうちは上手くいかないのは当たり前です。時には相手を怒らせてしまったり、不信感を抱かれたりしてしまうこともあるでしょう。だからと言って、質問されることを怖がっていては、いつまでたっても的確な対応ができるようにはなりません。

上手くいかなくても、先に話した2点を心がけて丁寧に対応することを繰り返していくうちに、徐々に正しいやり方が身についてくるものなのです。

質問に対して的確な回答がその場で返ってくる、という安心感が、あなたへの信頼を生みます。そして、小さな信頼の積み重ねが、最終的に大きな結果となってはね返ってきます。そのため、日々の情報収集を怠らず、勇気を持って、お客様や社内の関係者とコミュニケーションを取るようにしましょう。

愛される人間になりなさい。人は人からモノを買う

どんなに仕事ができるようになっても、ミスをまったくしない人はいません。

しかし、ミスをした時に、お客様から大きなクレームをつけられてしまう人と、「次から気をつけてくださいね」と軽い注意を受けるくらいで済む人とに分かれます。

似たようなミスで、お客様にかけた迷惑も同程度だったにもかかわらず、この差ができるのはどうしてだと思いますか？

それは、**普段からお客様と良好な関係を築くことができているか**、という差以外にはありません。つまり、大きなクレームを受けてしまった人は、ミスをする前からお客様に良い印象を持たれておらず、積もり積もった不満が一つのミスをきっかけに爆発してしまったということです。

逆に普段から良好な関係を築けていれば、お客様が感情的になることはありません。もちろん、ミスをなくすように細心の注意を払うことは大前提です。そのうえで、万が一ミスを

してしまっても、大きなクレームにつながらないように努めなくてはいけません。なぜなら大きなクレームは、下手をすれば相手との取引停止にもつながりかねないからです。そのため、プロのビジネスパーソンほど、お客様との関係構築が非常に上手であると言えます。

では、お客様と良好な関係を築くためには、どのようにすればよいのでしょうか？

これから説明する4つのポイントを注意してください。

まず1点目は「身だしなみ」です。

相手に対する第一印象は「見た目」がほぼすべてと言っても過言ではありません。見るからに不潔そうな相手と、仕事とはいえ付き合いたいとは思いませんよね。また、常にぶすっとしていて不機嫌そうな人には近づきたくないでしょう。

そのため、ぱっと見で清潔感と親しみやすい印象を与えなくてはいけません。

あなたが営業であれば、商談の10分前には客先のビルに出向き、洗面所の鏡で自分の身だしなみをチェックしてください。

髪型は乱れていませんか。背筋はピンと伸びていますか。男性ならネクタイは曲がっていませんか。それから最後に、自然な笑顔を作れていますか――それら一つ一つをチェックしてから、商談に臨むようにしましょう。

2点目は「声のトーン」です。

学生時代に、ぼそぼそとしゃべる先生の授業を受けたことはありませんか。何を言っているのかさっぱり分からず、まったく面白くありませんでしたよね。

学校の授業の場合は、授業を聞いていなくても大きな問題にはならなかったでしょう。しかし、ビジネスでは大切なことを聞き逃すと、認識のずれが生じ、成果物に大きな影響をおよぼす恐れがあります。そのため、相手の声が聞き取れなければ、何度も聞き返すはめになります。非常に面倒ですし、疲れてしまいますよね。そんな相手と大事な会話をしたいとは思えないのは当然の心理です。

ですから、お客様にこちらの話している内容がはっきり伝わるように、明るい声ではきはきと話すよう心がけなくてはいけません。

近頃はどの企業でもオンライン商談が増えたため、目線、表情、身振り手振りなど、声のトーン以外のノンバーバル（非言語）コミュニケーションが難しくなりました。ノンバーバルコミュニケーションから受け取る情報は会話全体の9割以上という研究結果もあるくらいですから、これまで以上に「声のトーン」に注意を払うべきだと言えます。

3点目は「気配り」です。

すなわち、何をすれば相手に満足してもらえるのか、常に考え、行動に移すよう心がけましょう。だからと言って、相手の求めるままに過剰なサービスを無償で提供しなさい、というわけではありません。あくまで会社の決めたサービスの範囲内で、自分が対応できることを遂行すればよいのです。

具体的に言えば、お客様が何かに困っていたら、親身になって話を聞くこと。簡単な問合せであれば、すぐに取り掛かること。回答に１日以上かかる場合は、「〇日までに対応します」と期限を設けること。一度受けた問合せを後回しにしないこと。相手の知識レベルにあわせて言葉を選び、丁寧に説明すること――これらの気配りは必ず相手に伝わります。その積み重ねが、あなたに大きな信頼を寄せるきっかけになるのです。

４点目は「仕事」です。

身だしなみや気配りが好印象であっても、ずさんな「仕事」ばかりでは信頼されませんから、これまで挙げたポイントの中で最も重要です。

納期を必ず守ること。何らかの事情で納期が遅れそうな時は、速やかに連絡すること。成果物は何度もチェックして、質の高いものを提出すること――少なくともこれらはしっかり守るようにしましょう。

ただしこれらのポイントは、お客様だけに限らず、自社の社員に対しても同じように気を配らなくてはいけません。

なぜなら、**どんなに仕事ができる人であっても、感じが悪ければ仕事を頼もうとは思えない**のが人の心理だからです。

ビジネスにおいて、他社と差別化された商材、競争力のある価格は、非常に大切な要素です。しかしそれらがすべてではありません。むしろ、最後の最後で決め手になるのは、窓口になっている人に対する信頼です。つまり、**ＢｔｏＣ、ＢｔｏＢ関係なく、人は人からモノを買う**、ということを決して忘れてはいけません。

身だしなみ、声のトーン、気配り、仕事――これら4点に普段から注意を払い、良い習慣を身につけることで、お客様に愛され、良好な人間関係を築くことができるのです。

お客様だからといって、言いなりになりすぎるな

- もう少し安くしてほしい
- 納期を短くしてほしい
- 納品後に変更が生じたので、無償で対応してほしい　など

どの業界でもお客様は常に様々な要望をしてくるものです。

先ほど「お客様と良好な関係を築きなさい」と言いましたから、多少無理をしてでも引き受けた方がいいのではないか、と考える人もいるでしょうが、それは間違いです。その理由を2点説明しましょう。

1点目は、**一度でも要望をのんでしまうと、何度も同じような要望を繰り返されてしまい、要望に応えるのが当然、と勘違いされてしまうから**です。

例えば、あなたがクラウドサービスの営業だとします。契約内容が、「初期設定をしてア

カウント情報を納品するまで」にもかかわらず、お客様からの「初月だけでいいので、月末に1ヶ月分の利用状況をまとめてレポート作成してほしい」という要望を、契約欲しさに、自分の勝手な判断で受けてしまったら、どうなると思いますか？

「初月だけ」という条件だったにもかかわらず、翌月も「レポートを作ってほしい」と、言われるのは目に見えています。一度引き受けてしまったことなので断れません。しかし、自社のサービス範囲外であり、上司や先輩に相談することもできませんから、あなた自身で業務時間外に対応せざるを得なくなります。

3ヶ月もすれば、毎月レポート作成することが暗黙のルールとなってしまい、一度でも提出が遅れれば、お客様から「事前に遅延の連絡がなかったのは納得いかない」とクレームを受けることになるでしょう。

上司とともに謝罪したものの、それがきっかけで信頼を失い、契約を他社に乗り換えられてしまった――理不尽だと感じるでしょうが、似たようなケースはどんな会社でもよく発生しています。すべてのきっかけは、初月にレポート作成の依頼を引き受けてしまったことなのは明らかですよね。

要望とは雪崩と同じです。たとえ最初は小さいものであっても、徐々に大きくなっていき、ついには手に負えなくなってしまうものなのです。

2点目の理由として、**自分の判断で要望を受けたとしても、社内で了承が得られなければ、結局はお客様に迷惑をかけることになる**からです。

もっとも分かりやすいのは、「納期をもっと短くしてほしい」という要望です。

あなたがフリーランスであれば、自分の都合でスケジュールを調整できるかもしれません。しかし一般的な企業の場合、多くの人の都合がからみますから、そう簡単に調整することができません。

そのため、数日くらいなら簡単に縮められるだろう、と甘く考え、お客様の要望を受けてしまうと、後になって「申し訳ございません。調整できませんでした」と謝罪させられるはめになります。言うまでもなく、お客様からの信頼を失うことになるでしょう。

以上の理由からも分かる通り、お客様からの要望に安請け合いすることは、自分で自分の首を絞めるのと同じです。しかも一度受けた要望が、後になって対応できないと分かれば、互いに嫌な思いをするだけで、誰も得をしないのです。

お客様から何らかの要望を出された場合、その要望が、「契約内容」、「自社のサービスレベル」、「会社から決められた自分の裁量」の範囲内で対応可能か、必ずチェックしてください。

もし、いずれかの範囲内であることが明白ならば、その場で要望を引き受けてかまいません。一方で、いずれも範囲外の場合は、即座に断らなくてはいけません。

杓子定規に感じる人もいるかもしれませんね。しかし、いっときの感情に流され、相手の言いなりになってしまうと、先ほどから話している通り、何一ついいことはありません。後々のリスクを背負うだけです。

そのためプロのビジネスパーソンほど、要望を受ける、受けないの線引きがはっきりしています。やれないことは「やれない」ときっぱり断ります。自分の会社、お客様、自分の3者の誰かが損を被るような仕事の受け方は絶対にしてはならないのです。


そうは言っても、状況によっては判断に迷うこともあるでしょう。

そもそも「契約内容」、「自社のサービスレベル」、「会社から決められた自分の裁量」の3点すべてが頭の中に入っている人は、ほとんどいないと思います。また、仮にいずれの範囲外であっても、追加料金などの条件を付ければ受けられる可能性もあります。

その場で判断がつかない場合は、一度持ち帰って上司に相談してください。決して自分の臆測で返事をしてはいけません。

そして、返事を保留する際は、相手に期待を抱かせるようなことを言わず、「対応できない可能性が高いと思いますが、念のため社内で確認してお返事します」といった具合に、対応が困難であることを前提とするようにしましょう。そうすれば、仮に対応できなくても相手に失望感を与えることにはならないからです。

以上のことは、自社の社員からの依頼についても同じことが言えます。すなわち、どんなに気心の知れた同僚や、目上の人からの依頼であっても、自分の裁量から外れることや、キャパシティを超えるようなことを二つ返事で引き受けてはいけません。上司に依頼があったことを報告し、あなたが対応すべきか否か、判断を委ねなくてはならないのです。

こんな話をすれば、「要望をむげに断れば、相手との関係が悪くなってしまうのではないか」と懸念する人もいるかもしれません。

しかし、そんなことを気に病む必要は一切ありません。むしろ安直な判断で要望を受けてしまったことによる、数ヶ月後、数年後の影響を想像することが大切です。

この先、永遠に同じような要望に応え続けることができる、と責任を持って言えるでしょうか。自信を持って「はい」と言えなければ、要望を受けるべきではないと断言できます。

分かりやすく言えば、**自分の勝手な判断で「例外」を作ってはいけない**、ということです。

もちろん、要望が通らなかったことで離れていく相手もいるでしょう。そういう相手とは、はじめから縁がなかったと考えて問題ありません。むしろ無茶な要望に一度でも応えてしまうと、あとあとトラブルになるのは目に見えていますから、早々に関係を断ち切ることができて幸運だったと思うようにしてください。

決して忘れないでいただきたいのは、**「誠実さ」とは、どんな難しい要求でも応えることではありません。**

できないことはできないと、はっきり言う。その代わり、一度引き受けた仕事は、決められた期限内で確実に遂行する——その姿勢こそが、プロフェッショナルであり、相手からの信頼を生むものなのです。

目標を達成するまで何度でも挑戦しなさい

仕事に慣れてくる頃になると、多くの人が日々を漫然と過ごすようになります。業務中に考えることと言えば、「今日のランチはどこで食べようか」とか「仕事帰りに誰と飲みにいこうか」といったことばかり。週末を翌日に控えた金曜はやる気があり、月曜の朝は暗い顔をして出勤する……本書を読んでいるあなたにも、どこか思い当たる節があるのではないでしょうか。

しかしプロのビジネスパーソンは、そうではありません。どのような業務に対しても、「この仕事をやり遂げることで、自分がどれだけ成長できるのか」という目的意識を持って取り組むことで、毎日を意欲的に過ごしております。つまり、毎日を意欲的に過ごすには目的意識が必要であり、目的意識を持つためには、目標を明確にしなくてはなりません。したがって、**プロフェッショナルを目指す以上は、何らかの目標を立てることが必須**と言えます。

ただし、目標を立てたからといって、それで満足してはいけません。

そんなことは言われなくても分かっている、と思われるかもしれませんね。しかし**目標を立てただけで満足してしまい、すぐに投げ出してしまっている人が多いのが現実**なのです。

いつまでたってもダイエットに成功しない人、たばこやお酒をやめることができない人、習い事が長続きしない人など、あなたの知り合いにも、そんな人がたくさんいるでしょう。

逆に、宣言通りに目標を達成した人なんて、ほとんどいないのではないでしょうか。

ビジネスも同じです。年始に立てた目標を3月になっても覚えている人がいれば、たいしたものです。ましてや、その目標に向かって、ひたむきに努力し続けている人など、ほぼ皆無に等しいでしょう。誰から言われることもなく、自分一人でそれができる人は経営者になれると断言できます。

ですから、**目標を達成するまで毎日コツコツと前進することができるか――それこそプロフェッショナルになれるか否かの分岐点**といっても過言ではないのです。

それから、「どのような目標を立てるのか」ということも非常に大切です。

新入社員のうちは、目の前の仕事を一人でできるようになることが目標でもかまいませんが、プロフェッショナルを目指すうえでは不十分です。

例えば、ただ単に自炊できるようになるのを目指すのと、一流レストランのシェフを目指すのとでは、同じ「料理を学ぶ」といっても、性質がまったく異なります。当然、努力の質も違いますから、３年もすれば、両者の間には料理の腕前で雲泥の差ができるはずです。

今挙げた例からも分かる通り、目標が高いほうがいいのは間違いありません。したがって、**その道のプロフェッショナルになるためには、高い目標を立てなければいけないのです。**

具体的に言えば、自分の仕事の分野でナンバーワンになることを本気で目指してください。目標は絶対に自分を裏切りません。**諦めずに挑戦し続ければ、目標通りの姿に必ずなれます。**

いつも低い目標ばかりを掲げている人は、その程度の人間にしかなれません。そもそも、易々と達成できる目標など、目標とは言えません。単なる通過点です。その先にある真の目標を目指さねば、一生かけてもプロフェッショナルにはなれないことを、よく肝に銘じておいてください。

ところが、今話したことがよく理解できても、なかなか長続きしないものです。なぜならどんな人でも失敗するのが怖いからです。

何かに失敗すれば、怒られるのではないか、恥ずかしい思いをするのではないか……そう考えている人がほとんどでしょう。私は自分の会社の管理職者たちに「部下が１万回失敗しても怒るな」と常々言い聞かせておりますが、そのような会社は珍しいかもしれません。

しかし目標達成を目指すにあたり、一度や二度の失敗は、あって当たり前なのです。一度もつまずかずに高い目標を達成できた人など、古今東西を通じても誰一人としていません。発明家として世界的に有名なトーマス・エジソンも同じでした。

彼は量産可能な電球の開発にあたり、何度も失敗を重ねました。記者からのインタビューで、そのことについて話がおよんだ際、「私は失敗したのではない。1万通りの上手くいかない方法を見つけただけだ」と言い放ったそうです。

このように、その道のプロフェッショナルは、**「失敗は、目標達成するまでのプロセスにすぎない」**と考え、いくら失敗しても絶対に諦めません。

「私は生まれつき、そんな風に前向きな性格ではないから」と考えて、尻込みしてしまう人も多いでしょう。しかし、決して持って生まれた性格が影響しているわけではありません。

なぜならこれも習慣だからです。すなわち、日ごろから目標を達成するまで何度も工夫することを繰り返しているうちに、失敗しても諦めずに前進する習慣が身につくものなのです。

だからといって、「当たって砕けろ」の精神で、ただやみくもに挑戦し続けても、何の意味もないことを忘れないでください。

第2章の「PDCAのサイクルを正しく回し続けること」の項で説明した通りに、綿密な計画を立て、実行し、結果をチェックして、改善につなげることが大切です。

また、前出の「難題は、もつれた糸をほぐすように一つ一つ解決しなさい」で話した通り、高い目標を一気に達成できると考えてはいけません。からまった糸を解きほぐすように、細かい目標に分解していきましょう。それら一つ一つをクリアしていくうちに、いつの間にか大きな目標が達成できているものなのです。

いくら時間がかかってもかまいません。どんなに失敗を繰り返しても、何の問題もありません。その代わり、一度立てた目標を決して忘れず、必ず達成するのだと、不退転の覚悟を持って、ひたむきに取り組み続けてください。

失敗をものともせず、目標を達成するまで何度も工夫する習慣を身につけることができたなら、どんな職場、どんな立場でも必ず活躍できます。その頃には、あなたが「プロフェッショナル」と呼ばれるようになっているのは、疑いようがないのです。

胆識を鍛えなさい

第3章で「ビジネスの世界で一人前になるためには、専門知識と業界知識が必要だ」という内容を述べました。確かにお客様と円滑なコミュニケーションを取る際や、専門的な業務を遂行する際には、最低限の知識がないと話にならないでしょう。

しかし**プロフェッショナルになるためには、知識だけでは足りません。**

「経営学の神様」と呼ばれ、多くの大学で教鞭をとった坂本藤良という学者がいました。私も彼の授業を受けたことがありましたが、とにかく人気で、教室に入りきらないくらいに学生が押しかけていたのを覚えております。

坂本氏は数々の書籍を出版するなど、経営学の権威として名声を得た後、家業の立て直しに着手しましたが、失敗に終わり会社を倒産させてしまいます。その後、新たに立ち上げた会社も倒産させてしまったそうです。

知識だけあっても、ビジネスのプロフェッショナルにはなれないことがよく分かる例と言えましょう。

では、ビジネスのプロフェッショナルになるためには、知識の他に、何を身につけなくてはいけないのでしょうか？

それは「見識」と「胆識」の2点です。

「見識」とは、法律やルールに定められていなくても順守すべきビジネスの常識のことです。そう言われても、ピンとこない人もいるでしょうから、どのような場面で「見識」が問われるかを具体的に紹介します。

◉商談相手

BtoB、BtoCを問わず、商品・サービスを営業する相手は、決裁権限のある人でなくてはいけません。BtoBであれば、現場の担当者ではなく、部長、役員であり、BtoCで高額な商材であれば、子どもではなく、親となります。

現場の担当者や子どもは、自分の懐が痛むわけではないので、自分たちが使いやすい、便利だと感じた商品・サービスであれば、すぐにでも購入したいと考えるのは当たり前です。そのため、彼らに「この商品・サービスを欲しい」と思わせるのは、まったく難しくありません。一方で、部長であれば部の予算を、親の場合は家計を管理していますから、商品・サービスを購入した場合に、コストに見合う利点が得られるか、リスクは生じないかなど、多岐にわたって厳密に検討します。

つまり現場の担当者と決裁者では視点がまったく異なるため、アプローチの仕方も変えなくてはいけません。若手社員の中には、商談数を稼ぎたいという気持ちが強すぎるためか、決裁権限のない人へ積極的に営業をかけてしまう人もいます。しかしそれでは時間を無駄にしているだけなのです。

◉相見積り

企業が商品・サービスを調達する際は、「相見積り」といって、1社ではなく複数社から見積りを取るのが一般的です。

そのため、会社から「〇〇を発注するのに、見積りを取っておいてくれ」と指示された場合は、自分が最適だと考えた1社からだけではなく、同じ条件で少なくとも3社以上から見積りを取らねばなりません。

言うまでもありませんが、業者に対しては「他社からも同じ条件で見積りを取っている」と伝えます。そうすることで、足元を見られることなく、適切な価格を提示される可能性が高くなります。

また、複数社から見積りを取ることで、会社に提示した見積金額が妥当であることの裏付けとなり、あなたが業者と癒着するなど、不適切な取引をしていないことの証明にもなるのです。

ここまで説明すれば、勘の良い人は気づいているかもしれませんが、自分たちが商品・サービスの見積りをお客様から依頼された際には、それが指名なのか、相見積りなのかを確認しなくてはいけません。

つまり、発注したい業者が既に決まっているが、相見積りを取る必要があるため、自分たちにも声をかけてきた、という状況もじゅうぶんに考えられるということです。その場合、見積りを作成しても無駄な労力になってしまうのは目に見えていますので、辞退するのが妥当と言えます。

ですから見積りの作成を依頼された際には、他にどのような会社に声をかけているか、自分たちの会社に発注の可能性はあるのか、といったようなことを、しっかり押さえるのが大切なのです。

◉営業の進め方

商品・サービスを売り込んだ後、「一度社内で、検討してから連絡します」と言うお客様もいるでしょう。見識の足りない人ほど、そのような文句を鵜呑みにして、次のことを決めずに商談を終わらせてしまいます。しかし自分から数日後に連絡してくるお客様なんて、まずいませんから、せっかくのチャンスを逃しているのも同然と言えます。したがって、商談を前に進めるには、多少強引に思われても、商品・サービスを提供する側がリードしなくてはいけないのです。

また、「契約すると思う」というような前向きなことを口頭で言われたことで安心してしまい、その場で次の行動を促さない人もいますが、それも見識が足りません。口頭ほどあてにならないものはありませんから、発注書や契約書をいただくまでは安心することなく、話を前に進めるようにアプローチを続けなくてはいけません。

これらの見識はどの職場にも共通して言えることですが、業界特有のものも多く存在し、新聞や書籍からだけでは身につけられません。また、社内の仕事だけをこなしていても、自分の業務に関する見識しか得られず、狭い領域でしか力を発揮できなくなってしまいます。ですから自分の業務以外、もっと言えば、自分の会社や業界以外の世界に触れなくてはいけません。

営業職であればお客様と接する機会がありますので、そこから多くのことを学べます。しかし事務職など、お客様と直接関わる機会のない職種については、そういうわけにはいかないので、上司や先輩とのコミュニケーションを通じて学ぶしかありません。

いずれにしても、なるべく多くの人と関わりを持ち、何気ない会話の中から、一つでも多くのことを学ぼうとする姿勢が大切なのです。

次に「胆識」についてです。

「胆識」とは、知識や見識を踏まえたうえで、それらを現実のビジネスシーンに合わせて適切に処理するための現実処理能力、または問題解決能力のことです。こちらも実際にどのようなシーンで必要になるのか、例を挙げましょう。

◉価格交渉

予算を抑えたいので、なるべく安い見積りにしてください――営業をしていれば、誰でも一度は耳にしたことのあるセリフでしょう。この時、お客様からの期待に応えようと、会社から許可されている限度額まで値引きした金額をいきなり提示する人がいますが、それは間違っています。あくまで最初に提示するのは定価の見積りでなくてはいけません。

さらに言えば、一つの見積りだけを提示するのも、胆識が足りないと言えましょう。

安価なプランと高額なプランの2プランを必ず提示してください。そして「将来性を考えれば、高額なプランの方が、より大きな満足を得られるのは間違いありません。しかしなるべく予算を抑えたいというご希望でしたので、必要な要件のみを満たす見積りも用意しました」と言います。そうすることで、定価であっても安い方のプランは手頃な価格にうつるため、選びやすくなるのです。

それでも値引きを求めてくるお客様もいるでしょう。もしかしたら「他社と比較している」と揺さぶりをかけてこられるかもしれません。しかしたとえどんなに強く要求されても、易々と値引きをしないことが大切です。なぜなら一度でも相手の要求に簡単に答えてしまうと、契約後も何かと無理な要求をつきつけてくるのが目に見えているからです。

ただしあまりに突っぱねすぎると、それはそれで角が立ってしまいます。下手をすれば取れる契約も取れなくなってしまうかもしれません。そこでやむなく値引きをする場合は、必ず条件をつけましょう。最も分かりやすいのは、「○月までに発注をお約束いただければ、値引きについては、私の方から上司に掛け合います」とすることです。その他にも、初期コストを値引く代わりにランニングコストを少し上乗せするという交渉の仕方もあります。

競合他社の状況、選考の状況、相手の予算額などを確認しながら、条件を変えることが大切であり、間違っても無条件で値引きをしてはいけないのです。

今の話を裏返せば、自分たちの会社が外部の業者に商品・サービスを発注する時も同じことが言えます。すなわち、業者から出てきた見積書の通りに発注していたのでは、胆識が足りません。一度は価格交渉をするべきです。たとえその業者に発注することが十中八九決まっていたとしても、「相見積りを取っていて、どの会社に発注しようか迷っている」と伝えたうえで、「値引きしてもらえないか」と切り出します。

希望する値引き額は大きければ大きいほどよいでしょう。商品・サービスにもよりますが、少なくとも3割引きから交渉を始めるべきです。そうすることで最大の値引額を引き出すことができるからです。

◉クレーム対応

ＢｔｏＢだろうが、ＢｔｏＣだろうが関係なく、客商売である以上は、クレームが必ず発生します。時には自分たちに明らかな非があるわけでもないのに、強い口調でお叱りを受けることもあるでしょう。その際に「相手の怒りをおさめるためには、相手の要求に応えるのが最適だ」と考え、無理な要求であっても通そうとする人がいますが、それでは胆識が足りないと言わざるを得ません。

クレームをつける時は、程度は違えど「相手を自分の思い通りにコントロールしたい」という気持ちが絶対にあります。ですから、相手がどのような部分に不満を感じ、自分に何をしてほしいのか、その真意をじっくりと探らねばなりません。

例えば「あなたでは話にならないから、上を出してほしい」という常套句がありますが、胆識の足りない人ほど簡単に上司を出そうとします。

胆識があれば、「自分こそが会社の顔なのだ」という自覚を持って、上司に密な報連相をしながら、できる限り自分が窓口になって対応しようとします。なぜなら相手が「上を出せ」というのは、「立場のある人に言えば、こちらの要求を通してもらえるはずだ」という意図があるのを知っているからです。

ですから、「上を出せ」と言われても、「お客様のご意見はすべて私の方から上司に伝えますので、どのような点にご不満を感じていらっしゃるのか、詳しくお聞かせいただけませんか」と話を聞く姿勢を示すことが大切です。

どんなに感情的になっていても、怒りの感情はそんなに長続きしません。話をしているうちに冷静になっていくでしょう。

そうしてすべての不満と要望を出し切ったところで、一つずつ丁寧に、自分の会社のサービス範囲内で解決案を提示します。その際、絶対に例外の対応をしないことです。それを一度でもしてしまうと、今後も同じように例外の対応を求められてしまいます。

また不満を解決するのに、作業費が必要であればその旨を素直に話したうえで、見積りを提示した方がよいか、聞いてください。そんなことをすれば火に油を注いでしまうのではないか、と怖がる必要はありません。むしろ「この人に無理を言っても、時間の無駄だ」と思わせるくらいに、堂々としていることが、かえって信頼につながるのです。

このようにクレームが発生したら、「自分たちのサービス範囲をお客様にご理解いただくチャンスなのだ」と考え、毅然とした態度で臨める人こそ、胆識のある人と言えましょう。

◉プレゼン・企画書

会社を経営していると、様々な業種の営業員が商品・サービスを売り込んできます。その際に専門用語を使いながら長々と説明する人や、１００ページ近くある企画書を提出してくる人がいますが、胆識が足りないなと感じざるを得ません。

自分自身に当てはめてみればすぐに分かると思うのですが、お客様は「自分たちの課題を解決するのに必要な要件を満たしている商品・サービスなのか」さえ知ることができれば十分なのです。ですからプレゼンや企画書では、「自分たちの商品・サービスを利用することで、お客様にとってどのような利益が生じるのか」だけを訴えればよいということになります。このやり方をビジネスでは「ベネフィットを伝える」と言います。

しかし胆識の足りない人のプレゼンや企画書は、「ベネフィット」ではなく「メリット」の羅列が延々と続きます。それでは「自分たちの商品・サービスがどれほど優れているのかアピールしたい」という単なる自己満足にすぎません。

ましてや、一般の人では理解できないような専門用語を並べるなど言語道断です。自分では素晴らしいことを言っているつもりでも、お客様にしてみれば苦痛以外の何物でもなく、単なる時間の無駄にしか感じられないものなのです。

人間の集中力は持って5分か10分ということを忘れてはいけません。1時間近く長々と説明されても飽きるだけです。お客様との温度差を生み、かえって信頼を損ないかねません。

では、どのようにすればよいのでしょうか？

それは実際にモノを見てもらい、体感してもらうことです。

ＢｔｏＣの営業だとイメージがつきやすいかもしれません。不動産業であれば物件の内覧、アパレルであれば試着、資格学校やスポーツジムであれば体験レッスンをしてもらうことが、それにあたります。

ＢｔｏＢであっても、試作品を手に取ってもらったり、プロトタイプを動かしてもらったりすることで、ベネフィットを正確に伝えることができます。

「百聞は一見に如かず」ということわざの通り、口で説明されるよりも、目で見て、体で感じる方が、何倍も商品・サービスの良さが伝わることを知らなくてはなりません。

プレゼンは、お客様への「プレゼント」です。

したがって、プレゼンや企画書を準備する際は、「自分がどのような説明をしたいのか」ではなく、「何をすれば、お客様が喜んでくれるような体験をプレゼントできるか」を常に意識するようにしましょう。

今挙げた例からも十分に伝わったとは思いますが、知識だけ立派であっても、見識、胆識がなければ成果を出すことができません。

また胆識は、何度も失敗と成功を繰り返し、上司や先輩から指導されているうちに、自然と身につくものです。

日々の業務、上司や先輩とのコミュニケーション、お客様の対応——つまり、**ありとあらゆる仕事を通じて何かを得ようとする貪欲な姿勢が、胆識を鍛えることにつながります。**

ですから、目の前の仕事をただ漫然とこなしてはいけません。業務中に気を抜く暇など、１分１秒たりともありません。

「どんな仕事でも自分の成長につなげるのだ」というポジティブな思考で、常に胆識を鍛えることを意識して仕事に臨みましょう。

仕事の成果は結果で判断しなさい

プロセスを大事にし、胆識を鍛えれば、必ず成果は出ます。ビジネスの場合は、営業成績の数字など、結果となって如実にあらわれます。しかし思い通りの成果が出ない時も多々あります。そのような時に、どのような態度を取るかによって、プロフェッショナルに近づくのか、遠のいてしまうのかが決まります。

いつになってもプロフェッショナルになれない人ほど、「会社が○○してくれれば、もっと売上が上がるのに」とか、「上司のやり方が悪いから、成績が上がらない」といった愚痴を漏らします。ましてや居酒屋で酒の力を借りて後輩に愚痴るなど、とんでもないことです。百害あって一利なし。自分で自分を貶める行為以外の何物でもありません。

一方で、**プロフェッショナルは、成果が出ないのは他の誰のせいでもなく、自分の努力が足りないからだ、と考えます。**それは努力の量と成果は正比例することを、身をもって知っているからです。

私の経営する会社も他の会社とたがわず、良い時もあれば悪い時もありました。もちろん社会情勢や景気など、外的な要因で会社の経営は大きく左右されるものです。それでも、私は会社の経営が思い通りにいかない時、環境や他人のせいにしたことは一度もありません。「電信柱が高いのも、郵便ポストが赤いのも、すべて社長の責任だ」という言葉の通り、あらゆる会社の問題は、経営者である自分の問題だととらえております。

例えば、特定の部署の成績が良くない場合、その部署のリーダーに責任を押し付けるのではなく、リーダーとしての資質をそなえる前に部署を任せてしまった自分が悪かったのだと考えるようにしています。

なお、知り合いの経営者の中には、事業が上手くいかないことを幹部のせいにしている人もいましたが、彼らの会社はたいてい倒産しました。その事実を知った時は、「経営者たるもの、会社のありとあらゆることに強い責任感を持たねばならない」と気持ちを引き締めたのを、今でもよく覚えております。

もちろん若手社員が経営者と同じような責任感を持つのは無理です。だとしても、自分の仕事に対して当事者意識を持つことは非常に大切です。したがって、なんでもかんでも会社におんぶにだっこではいけません。成果が出ない時は、「会社が何とかしてくれる」ではなく、「自分の力で状況を打開するのだ」と、ますます奮い立つようにしてください。
言い換えれば、**自分の成長には自分で責任を持たねばならない**ということです。

こんなことを話すと、何でもかんでも自分一人で抱え込もうとする人もいるでしょうが、それも誤りです。いくら一生懸命努力しても、間違ったやり方をしていたのでは、何の意味もないのを忘れてはいけません。

ですから、自分なりに努力しても成果が出ない時は、素直に上司へ相談しましょう。

上司は、客観的な視点であなたの抱えている課題を指摘し、クリアするためのアドバイスをしてくれるはずです。そのアドバイスを、あなた自身の責任で実行することです。

もちろん、出てきた結果も自分で責任を負う必要があります。たとえ思い通りにいかなくても、上司に責任転嫁をしてはいけません。一度でも他人に責任をなすりつけるくせがついてしまうと、なかなか取れなくなってしまうからです。

仕事の成果を結果で判断する。その結果を自己責任とし、自分で変える努力をする——これも習慣です。

はじめのうちは誰だって、厳しい結果を受け入れるのは辛いものです。自分の努力の量が足りなかったり、努力の仕方が間違ったりしていることを認めるのも胸が痛いでしょう。それでも歯を食いしばって、努力し続けていれば、いつか必ず習慣化します。その頃には、仕事の成果も大きく変わっていきます。

そしてこの習慣が身につけば、プライベートや人間関係も確実に充実してきます。結果的にプロのビジネスパーソンになれるだけではなく、人生そのものが豊かになるのは間違いないのです。

一流になりたければ、一流に触れなさい

コロナ禍前まで、私の経営する会社では、全社員が参加する社員旅行を実施しておりました。北は北海道から、南は沖縄まで、毎年異なる観光地に赴き、社員に対して日ごろの頑張りを慰労しました。私もこの時ばかりは「鬼の仮面」を脱いで、社員たちと大いに盛り上がったものです。

しかし私は、社員旅行の目的を、ただ単に楽しいひと時を過ごすことだけにとどめるつもりは、微塵もありませんでした。宿泊先に一流ホテル・旅館を指定することで、社員たちが若いうちから一流のサービスに触れられるように配慮したのです。

宿泊客の迎え入れ、接客、言葉遣い……一流ホテル・旅館の従業員さんたちの立ち居振る舞いは非常に洗練されています。私の経営する会社とは業界がまったく違いますが、彼ら、彼女らのビジネスパーソンとしての姿勢は、学ぶべき部分が多いのは確かです。

つまり、社員旅行で一流ホテル・旅館に宿泊すること自体が、ビジネスの勉強になると考えていたわけです。

ビジネスでプロフェッショナルを目指す以上は、一流にならなくてはいけません。

そして、**一流になるためには、「一流とは何ぞや」ということを知らなくてはなりません。**それは本を読んで知識として知るのではなく、実際に触れてみて、体感することが肝心です。

理想を言ってしまえば、その道の一流たちが集まる環境の中へ、日常的に身を置くことでしょう。分かりやすいのは高校の運動部です。プロ選手になりたければ、全国でも屈指の強豪校に入ることが近道なのは言うまでもありません。監督、コーチ、施設、先輩、OB・OG……周囲のすべてが一流だと、それらに近づこうと、誰に何を言われなくても努力します。その結果、一流のプレイヤーに成長し、プロのスカウトの目に留まりやすくなるのです。

ビジネスの世界も同じで、理想は一流のビジネスパーソンたちに囲まれた職場に身を置くことです。しかしそれは非常に難しい。運不運もありますし、一度置かれた環境を自分の一存だけで変えるのは不可能です。まさか会社の人事に「一流だけが集まる部署に異動させてください」とは言えませんよね。ですから**休日や仕事帰りを利用して、自分から意識して一流に触れる機会を作ることが大切になります。**

そうは言っても、一流の人と直接接するチャンスは作ろうと思ってもなかなか作ることはできません。しかし、一流のモノやサービスであれば、自分から触れることができます。

例えば、美術館で著名な芸術家の作品を鑑賞する、一流の経営者が書いた書籍を読む、高級な料亭で食事をする、有名な寺社で名匠が手掛けた建造物を見る――などが挙げられます。いずれにしても、一流に触れることで、感性が磨かれ、新たな視点が加わります。「自分も一流になりたい」という意欲がわいてくるはずです。その意欲が成長につながるのです。

日本には「麻《あさ》に連《つ》るる蓬《よもぎ》」ということわざがあります。真っすぐ伸びる麻の中にまじれば、曲って育つ蓬であっても真っすぐ伸びる、という意味です。

人間は蓬と同じで周囲の環境に非常に左右されやすい。ですから普段から二流、三流にしか触れていなければ、おのずと二流、三流止まりの人間になってしまいます。

逆に、普段からなるべく一流に触れるようにしていれば、それらに触発されて、自然と一流になっていくものなのです。

第5章

転職は転落の第一歩なり

「転職するのが当たり前」という風潮に踊らされるな

厚生労働省の発表によると、大卒者のおよそ3人に1人は入社後3年以内に会社を辞めているそうです。非常に嘆かわしい現実だと言わざるを得ません。

会社が自分に合わない、家庭の事情、体調の問題、会社の経営が思わしくないなど、止むを得ない理由のある人は仕方ないと思います。しかしそうではなく、「キャリアアップしたいから」などと考え、安易に退職してしまうのは、実にもったいない。せっかくのキャリアを無駄にするだけではなく、ビジネスパーソンとして成長するチャンスをつぶしてしまうことになりかねないので、何一つメリットがありません。

そもそも、新卒後数年しか経っていないにもかかわらず、本当の意味でキャリアアップの転職ができると考えている人は、果たしてどれくらいいるのでしょうか。おそらく、ほとんどいないと思います。

つまり、退職理由が「キャリアアップしたいから」というのは、単なる建前にすぎず、その本音は、長時間労働が耐えきれない、待遇に納得がいかない、職場の人間関係が嫌だ、など、今の会社を早く辞めたい一心なのが実情でしょう。

実際に私の経営する会社にも、毎年、５００人以上の若者から中途入社の応募があります。しかし、残念なことに、「この人は是非、採用したい」と思わせるような人材に、これまで一度も出会ったことがありません。

とくに「キャリアアップしたいから」という理由も含め、前職を自発的に退職した人の中で、活躍した人材は誰一人としておらず、数年もしないうちに再び転職していく人ばかりでした。そこで、中途入社の採用条件の一つに「非自発的退職者（会社が倒産した、第三者の目から見ても過酷すぎる労働環境のブラック企業だった、など、会社側が原因で退職した人）であること」としたうえで、転職支援会社も舌を巻くほど、採用基準を厳しくしました。実際に採用するのは応募者50～60人に1人くらいの割合です。それでも入社後に成功する中途社員は、指で数えるほどしかいません。ですから私は採用を決める時に「自分の見立てが間違っていますように」と、良い意味で期待を裏切ってくれるよう願掛けをしているのです。

この現状は、どこの会社も大きな差はないと思います。したがって中途社員を積極的に採用している会社は、設立して間もないか、単なる数集めをしているか、どちらかの可能性が高く、「使いものになればラッキー。使いものにならなければ辞めてもらってかまわない」

というスタンスなのは想像に難くありません。

では多くの若者が転職してしまうのはなぜなのでしょうか?

それは、「転職するのが当たり前」という風潮が蔓延しているからだと考えております。

今ではSNSの普及が進み、様々な情報がスマホを通じて勝手に入ってくるようになりました。そのため、転職したことで「年収がアップした」とか「責任ある立場になった」など、あたかも「転職がビジネスライフの成功への近道」といった情報が、知らず知らずのうちに多くの若者に刷り込まれているのです。

しかしよく考えてみてください。転職せずとも豊かなビジネスライフを送っている人は、世の中にたくさんいます。むしろ入社後わずか数年のうちに転職して成功した人よりも、転職をしないで成功した人の方が圧倒的に多いと思います。そのような人たちが、わざわざ「転職しなかったから成功したのだ」と情報発信するでしょうか?

まずしませんよね。つまりあなたが普段目にしている情報は、非常に偏りがあるわけです。

そもそも「転職がビジネスライフの成功への近道」などということは、まずあり得ません。そんな甘いものではないのです。コツコツとした努力を抜きにして、ビジネスライフで成功を掴むことなど絶対にできないのです。

多くの人がそのような現実を薄々気づいていながら目をそらし、「転職するのが当たり前」だと信じてしまっているのは、大変遺憾なことです。

言うまでもなく、「転職するのは当たり前」という風潮を作っているのは、転職者が増えれば増えるほど儲かる転職支援会社と転職メディア運営会社です。したがって、安直に転職を繰り返す人は、人材紹介会社や転職メディア運営会社に踊らされているだけであり、彼ら、彼女らにとっての美味しいカモにすぎません。

「転職は転落の第一歩」です。

私がなぜそう断言できるのか――本章では、よくある退職理由を挙げながら、その理由を説明していきたいと思います。

思い描いていた仕事像などあり得ない

若手社員の退職理由のうち、最も多いのが「仕事が合わないから」というものです。いわゆる「入社後ギャップ」と呼ばれるもので、入社前にイメージしていた仕事と、実際におこなっている仕事が、あまりにもかけ離れていたことで、嫌気がさしてしまうのです。本来であれば、入社後ギャップを生まないように、就職活動の時点で適切な会社選びをしなくてはいけません。（適切な会社選びの方法については、前作『失敗しない就職活動』で解説しています）

とは言え、たとえ適切なやり方で就職活動をおこなったとしても、仕事の内容にギャップを感じない人はまずいないでしょう。ではどのようなギャップを感じるのでしょうか？

いくつか具体的な例を挙げておきましょう。

◉企画営業

「企画営業」と言えば、お客様の重役たちがずらりと揃った会議室で、プロジェクターなどを使ってプレゼンテーションを披露するイメージを持っている人が多いでしょう。そのような人ほど、お客様の課題を解決するための戦略を練ることや、提案資料を作ることが、企画営業のメイン業務だと考えているはずです。

ところが実態はまったく違います。そもそも営業の基本は、決められたマーケットや企業に、商品・サービスを決められた通りに販売することです。そのため企画営業と言っても、営業員が自分で企画する要素は非常に限定的です。

ましてやマーケット、業界、自社の商品目録もろくに知らない新入社員では、企画を立てることすらできるはずがありません。とにかく場数を踏んで、必要な知識を体で覚える必要があります。

したがって、新入社員で企画営業の部署に配属されたら、他の一般的な営業職と同じように、飛び込みまたは電話で新規客にアプローチをすることになります。１日あたりの獲得アポイント数がノルマとなり、ひたすら断られ続ける日々が続くでしょう。

たまに商談するチャンスがあっても、上手く商品を売り込めずに終わってしまうことはざらにあります。場合によっては、お客様の方が知識豊富でがっかりさせてしまうこともあるくらいです。

不甲斐ない思いをしても、諦めずに何度も同じことを繰り返していくうちに、企画営業に必要なスキルは確実に身につきます。徐々に自分一人で契約を取れるようになり、お客様から感謝される機会も増えていきます。会社からも信頼を寄せられ、重要な商談を任されるようになるでしょう。そこまできてようやく、多くの人がイメージしている姿になれるのです。

◉マーケティング

新たな商品・サービスの開発や効果的な広告宣伝のため、市場調査をし、自分のアイデアを企画書に落とし込んで社内会議でプレゼンする――マーケティング職と言えば、華やかなイメージを持たれがちです。そのため、マーケティング部門に憧れて入社する人は、どの企業でも非常に多いでしょう。

しかし残念なことに、メーカーなどの事業会社ではマーケティング部門に配属されるのは、ほんの一握りの人間だけで、新入社員が配属されることはまずありません。企画営業と同じで、マーケット、業界、自社商品・サービスのことを知らない新入社員がマーケティングの仕事をできるはずがないからです。

まずは営業部門ないしは生産管理部門に配属され、現場で長い下積みを経た後、マーケティングの適性があると会社が判断した人だけが部門に異動できます。

つまり、マーケティング職に憧れて入社しても、ほとんどの人はその仕事に携わることがないまま定年を迎えます。それが現実なのです。

一方で、広告代理店やコンサルティング会社など、顧客のマーケティングを支援する会社に入社すれば、新入社員でもアカウント営業としてマーケティングの業務に携わることができます。また事業会社であっても、会社の状況によってはいきなりマーケティング部門に配属されることもあるかもしれません。

しかし思い描いているような仕事ができると思ったら大間違いです。はじめのうちは、先輩社員のもとで雑用ばかりを課せられます。

あらかじめフォーマット化されたレポートのデータに、解析ソフトなどからダウンロードした数値をコピー&ペーストするだけで1日が終わってしまう場合もあるでしょう。その他にもお客様との打ち合わせの日程調整、資料作成のサポート、資料の印刷と配布、会議の議事録作成、見積書や契約書などの書類作成……などなど、膨大な量の細々した仕事に追われることになるのは間違いありません。

◉接客

接客業に入社する新卒者の多くが、学生時代にカフェなどで接客のアルバイトを経験しています。お客様に満足してもらえるように笑顔で接客するのが業務のメインで、社員になればより多くのお客様と接することができると考えている人が多いでしょう。

しかし、社員の仕事がアルバイトの延長と考えたら大間違いです。

たとえ新入社員だとしても、配属された店舗の経営に責任を持たされます。そのため、売上管理、商品管理、在庫管理、アルバイトの勤怠など、多岐にわたる管理業務を覚えなくてはいけません。もちろんそれらの一つでもおろそかにすれば、店舗経営はたちまち行き詰まってしまいます。その他にも、クレーム客の対応など、社員にしかできない仕事もあります。
さらに店舗を統括するエリアマネージャーからは、売上向上を厳しく求められるのも、アルバイトとは違う点です。売上を向上させるため、膨大な管理業務の合間をぬって、アルバイトの指導にあたったり、店舗レイアウトの工夫をしたりしなくてはいけません。このように、接客業といっても、お客様に接客する時間は非常に限られているのが現実なのです。また、欠勤したアルバイトの代わりに店に出なくてはいけないため、休日出勤もあります。

今挙げたようなギャップは、先ほど話した通り、どの職種にも大なり小なり必ず存在します。それらのギャップが生まれるのは、仕事の表面的かつ華やかな部分しかイメージしておらず、若手社員のうちから「思い描いていた仕事を任されるはずだ」と勘違いしていることが主な要因と言えます。簡単に言えば、認識が甘すぎるからです。

どんな仕事にも共通して言えるのは、若手社員の業務の中心は、細々した雑用か、やり方が定められた単純作業です。それらを通して、業界やマーケットのこと、仕事の全体像、業務に対する心の姿勢を、時間をかけて体に覚えさせていくのです。

ですから、入社前に思い描いていた仕事像と違っていたからといって、すぐに投げ出してはいけません。一歩ずつ階段を上るように、目の前の仕事を丁寧にこなしていきながら、徐々に目標の姿に近づけることを目指していけばよいのです。

地道な努力をひたむきに積み重ねることが、入社前にイメージしていた仕事を任されるようになるための唯一の道といっても過言ではないことを、よく覚えておきましょう。

あなたの考える「ワーク・ライフ・バランス」は絵空事

退職理由で2番目に多いのは「労働時間が長すぎる」というものです。

世間では「ワーク・ライフ・バランス」が叫ばれています。政府も積極的に推し進めていますから、あなたも一度は耳にしたことがあるでしょう。

ただ、残念なことに、「ワーク・ライフ・バランス」を「会社の仕事以外の時間を充実させること」と勘違いしている人が少なくなく、そのような人ほど「労働時間が長すぎる」と不満を抱き、転職していく傾向にあります。

ところが彼ら、彼女らが、どの会社に入社したとしても、満足することはありません。

なぜなら、9時始業なのに8時過ぎには出社し、夜の8時、9時まで残業することが、ビジネスの常識だからです。もっと言えば、終電ギリギリまで会社に残らざるを得ない日や、休日出勤を余儀なくされる場合もあります。それが一般企業の実態なのです。

「政府が『働き方改革』を推し進めているのに、そんなことはあり得ないのではないか」と首を傾げる人もいるかもしれませんね。

しかし「働き方改革」を推し進めているのは、大手を中心とした一部の企業だけです。私の経営する会社では、従業員たちに「21時以降は働くな」と厳命しておりますが、ＩＴ業界でそのような会社はどこを見渡しても他には１社もないでしょう。

もちろん、度を過ぎた長時間労働で、体を壊してしまったら元も子もありません。あまりにも体がきつければ、他の会社に移った方がいいに決まっています。また、家族の介護や子育てなど、やむを得ない理由で時短勤務が可能な会社に移る人も中にはいると思います。

そうではなくて、**趣味など、会社の仕事とは関係ないことを充実させたいがために、多少の残業にもかかわらず、「労働時間が長すぎる」と言って退職していくのは、あまりにも世間知らずで、身勝手な人間だと言わざるを得ません。**

どうしても会社の仕事以外を優先させたいなら、自分自身の意志で労働時間をコントロールできるフリーランスなどの仕事に就いた方がよいでしょう。

ただし収入は不安定になります。自由な時間も、安定した収入も得たいなどという甘い考えは捨てなくてはいけません。何かを得ようとすれば何かを手放さなくてはいけない、というのが現実です。

この際、はっきり言っておきますが、**ビジネス社会に足を踏み入れたからには「会社で仕事をすること」が生活の中心になるのは当たり前です。その現実の中で、余った時間をやりくりして、私生活も充実させていくのが「ワーク・ライフ・バランス」**なのです。

つまり、労働時間を短くしてプライベートの時間を長くすることが「ワーク・ライフ・バランス」ではないということ。そのような誤った認識を持っている人は、偏った考え方の評論家や一部メディアの言動を、自分の都合のいいように捉えているだけです。

その一方で、「残業するのが当たり前」というのを、単なる風潮に捉えている人もいます。上司や同僚が夜遅くまで残っているから、自分も残らなければいけないと考え、何となく残業している人たちです。そういう人に限って、その日に片付けなくてはいけない作業を「どうせ残業しないといけないのだから、夜の8時、9時までに終わらせればいいや」と考えて、ダラダラと仕事をする傾向にあります。

しかしそれではいつまでたってもアマチュアのまま。プロのビジネスパーソンには絶対になれません。

なぜなら、一度ダラダラと仕事をする習慣が身についてしまうと、作業効率が一向に上がらず、結果として仕事を覚えるのが遅くなってしまうからです。

ですから、その日の作業は定時までに終えられるよう、段取りを組まなくてはいけません。

突発的に別の業務を命じられる日も当然ありますから、そうなった場合は残業時間を利用して作業を終わらせればよいわけです。

突発的な業務が発生せず、その日の作業を定時までに終わらせることができたなら、さっさと退社しましょう。無理して残る必要はありません。むしろあなたが机の前に座ってパソコンを立ち上げているだけで、電気代や通信費などの経費が発生していることを頭に入れておかねばなりません。

毎日遅くまで会社に残っているからといって、仕事をしている気にならないよう注意してください。大事なのは、１日にこなした仕事量と成果物の質です。決して残業時間の長さではないのです。

先ほども話した通り、ビジネスパーソンは、仕事が生活の中心となるのは当たり前です。そのため、**仕事の充実抜きにして、「ワーク・ライフ・バランス」は実現しません。**

「私生活を充実させたいから早く帰りたい」とか「周囲が残っているから遅くまで働いている」といった考えでは、仕事を充実させることができないのは、考えるまでもないでしょう。

したがって、若手社員のうちは、仕事を充実させることから始めなくてはいけません。そのためには「ワーク・ライフ・バランス」など考えず、仕事を覚えることだけに集中しましょう。仕事を覚えれば覚えるほど、仕事が充実してくるからです。

そして、仕事が充実してくれば、心にゆとりが生まれてきますので、おのずと私生活も充実してきます。そこまでいって、はじめて「ワーク・ライフ・バランス」が実現するものなのです。

楽して稼げる仕事などない

退職理由で3番目に多いのが「仕事がきつい」というものです。

商品開発やマーケティングなどのコーポレート部門に憧れて入社を決める新入社員は非常に多く、メーカーに入社した人は、ほとんどがそうではないかと思われます。

しかし前述の通り、十分な知識も経験もない人間が、専門性の高い分野の仕事で成果をあげることはできませんから、最初は現場に配属されるケースがほとんどです。実際に、文系出身の新入社員の約7割は営業部門に配属されると言われております。

営業職であれば確実に重いノルマを課せられます。ちなみに私の経営する会社ではノルマは課しません。とくにベンチャー企業やＩＴ企業のノルマは目標値が高い傾向にありますが、どの業種であっても簡単に達成することができないことは共通しております。当然、達成できなければ、上司から厳しくつめられます。また、何らかのトラブルに巻き込まれたり、お客様からクレームを受けたりすることもあります。

しかしここで挫けてはいけません。今話したようなことは、程度の差はあれ、誰でも一度は通る道です。苦しい経験をしながら、徐々にビジネスパーソンとして成長していくのです。

それはちょうど「筋肉痛」に例えることができます。スポーツをしている人なら分かるでしょうが、筋肉痛になるくらいに激しい運動をしなくては、筋肉がつきませんよね。つまり**痛みを伴わずして成長はありません**。ビジネスもまったく同じで、**きつい思いをせずして一流のビジネスパーソンになれるわけがない**のです。

したがって、「仕事がきついから会社を辞めたい」というのは、自ら成長するチャンスを放棄していることを意味します。

筋肉がなければ、ちょっとした運動でもすぐに疲れてしまうように、ビジネスパーソンとして成長する前に逃げ出してしまった人は、他の仕事に就いてもすぐに嫌気がさしてしまうのは目に見えています。なぜなら、ちょっとでも自分の思い通りにならなければ、「きつい」と感じてしまうからです。そんな人がビジネスで成功すると思いますか？

この際だから断言しておきますが、**楽して稼げる仕事など、この世に一つもありません**。みな何かしらの苦労や痛みを伴いながら、それでも前向きに仕事に励んでいるのです。

念願の飲料メーカーに就職したものの、毎日４ｔトラックで自販機や店舗などを回り、商品の補充と空き缶回収にいそしむ人。バイヤーに憧れてアパレルに入社したはいいが、店舗に配属され、毎日売上に追われている人。一流大学を卒業し大手通信会社に入社したが、保険営業に回され、個人や企業に通い片っ端から保険の勧誘をする人——思い通りの仕事に就けず、しんどい思いをしながら、それでも一生懸命頑張っている人はたくさんいます。

もしあなたがノルマを達成しなかったことで上司から叱責され、仕事を辞めたくなるくらいに落ち込んだら、同じように感じている人が世の中にはたくさんいることを思い返してください。少しは心が軽くなるはずです。

そして忘れないでいただきたいのは、**一流のビジネスパーソンほど、たとえ火の中にあっても涼しいと感じるくらいに、どんなに厳しい状況でも物怖じをせず、適切な対応ができる**ということです。

つまり胆力がある。**胆力は個人の資質ではなく、新入社員のうちから厳しい環境に身を置くことで、自然と鍛えられていくもの**です。

あなたが本書を手に取っているのは、一流のビジネスパーソンを目指しているからだと思います。であれば、仕事がきつくても負けてはいけません。むしろ「成長できる絶好のチャンスなのだ」と、ますます奮って目の前の仕事に取り組んでいきましょう。

公平な人事などあり得ない

「なんで私より成績の悪い同期の者の方が、評価が高いのか……意味が分からない」

飲み会の席でこんな風に愚痴を言う友人があなたのまわりにも一人はいるでしょう。彼ら、彼女らのように、会社の人事評価に不満を持っている人は、どの会社にもいます。

そのような人ほど、転職支援会社の「あなたを正しく評価してくれる会社があります」という根も葉もない誘惑にまどわされて転職していきます。ところが、次の会社でも前職と同じように人事評価に不満を抱き、気づいた頃には何度も転職を繰り返すような転落人生を歩むことになるのは、想像に難くありません。

まずはっきり認識しておかねばならないのは、会社と学校は違うということです。学校は全員で同じテストを受け、その点数で成績が決まりました。しかし、会社は部署によって仕事の内容が異なりますし、社員ごとに求められる成果も違いますから、学校のように全員同じ条件で点数をつけて評価することはできません。つまり公平な人事など不可能なのです。

もちろん「業績評価」といって、目に見える数字の指標もあります。しかしどの会社も、「業績評価」だけで評価が決まることは絶対にありません。「情意評価」、「能力評価」など様々な指標があり、それらを総合して評価が決まるのです。

どの指標を重視するかは、会社、部署、評価する人、評価される人の立場や年齢など、様々な要素によって異なります。具体的な例を挙げてみましょう。

- Aさん／営業成績は抜群に良いが、事務作業が苦手で周囲に迷惑をかけている
- Bさん／営業成績はそこそこだが、周囲のフォローが上手でチームに和をもたらしている

もしあなたが会社の人事担当だとしたら、AさんとBさんのどちらに高い評価をつけますか？

非常に難しいですよね。実際にこの問いに明確な正解はなく、評価する人によってもまちまちです。そしてどちらを高く評価しても、一方から不満が出るのは目に見えています。

このように、**全員が納得する人事評価など、絶対にあり得ない**のです。

それから、**出身大学の銘柄と出世はほぼイコールである**ことも理解しておかねばなりません。大手企業になるほど、その傾向は顕著と言えます。

上位校以外の出身者が一流企業に入ること自体が非常に難しいのが実情です。それでもコミュニケーション能力がずば抜けて高ければ、選考を通過することもあります。しかし彼ら、彼女らがいくら優秀であっても、本社のコーポレート部門に配属されることは稀なのが現実でしょう。また、役員登用されるケースも少なく、地方の営業所長、ないしは子会社の部長まで出世できれば良い方だと思います。

したがって、国公立や私立の上位校出身の後輩が、自分より成績が悪いにもかかわらず先に出世するのは、言ってみれば当たり前のことなのです。

配属先でも不公平は生じます。

分かりやすいのは営業成績でしょう。売上が好調な支店・部署に配属されれば、成績をあげやすく、その分評価も高くなりがちなのは明らかです。

また、部下の能力を引き出すのが苦手な上司のもとに配属されれば埋もれていきますし、仕事の適性が合う、合わないも確実に存在します。ですから、前の部署ではまったく評価されなかった人が、部署異動したとたんに評価がうなぎ上りになって出世街道を歩むケースも珍しくありません。

これらのことからも分かる通り、人事評価に甘い期待をしないことです。言うまでもなく同期、後輩と比べて、評価が低いからといって劣等感を覚える必要はまったくありません。そもそも他人と比べること自体が愚の骨頂です。ただ単にストレスのもとになるだけで何の意味もありません。

とは言っても、自分の思っている以上に評価が低ければ、納得がいかない気持ちはよく分かります。しかし目の前の評価ばかりを気にして、自分が掲げた目標を見失ってしまっては本末転倒です。

たとえ思い通りの評価を得られなくても、与えられた業務をきっちりこなし、一つでも多くの仕事を1日でも早く覚える。仕事を覚えたら、より高みを目指しながら、周囲の期待以上の成果をあげることに挑戦する——これがプロフェッショナルとしてのあるべき姿と言えます。ですから、他人の評価に惑わされずに、自分のなすべきことを淡々とこなしていきましょう。

ぶれずに地道な努力を続けられた人は、どこへいっても、どの仕事をしても、高い評価が得られるものなのです。

隣の芝生は青く見える

どんな新入社員でも、入社前に抱いていた仕事像と現実の仕事にギャップを感じます。感じない人などまずいません。

また若手社員のうちは、できる仕事が限られているのは当たり前ですから、毎日同じ作業を繰り返す日々が続くものです。「このまま雑用ばかりを押し付けられているようでは、自分の本当にやりたかった仕事は一生かけてもできないのではないか……」と疑問を持つのも不思議ではありません。

しかし、私は自分の経営する会社の社員たちにこう言い聞かせております。

「商売は『商い《あきな》』。『商い《あきな》』をもじれば『飽きない』。ビジネスは『飽きない』ことが大切である」

だから一人前になるまでは、毎日同じことの繰り返しであっても、飽きずにコツコツと続けていかねばなりません。その積み重ねが糧となって、あなたを一流のビジネスパーソンとして花開かせるのです。

ところが多くの若者はそんなことを知りませんから、すぐに飽きてしまい、仕事や待遇に不満を持つようになります。その状態で、大学時代の友人たちから給料や職場環境についての話を聞かされると、よその会社が良く見えてしまうものです。

最初は単なる興味本位で何気なく転職サイトを開いてしまう人も多いでしょう。転職サイトにずらりと並んだ好条件ばかりの求人に心を動かされ、「とりあえず……」と深く考えずに会員登録。転職エージェントにとっては絶好のビジネスチャンスですから、すぐに電話をかけてくるでしょう。そして「今の時代は転職でキャリアアップするのは当たり前ですよ」とか、「あなたにオファーを出している企業があります」などという売り文句を並べます。その言葉に乗せられて、すっかりその気になってしまい転職を決意する――新卒後３年以内に転職した人のほとんどが、このような経緯をたどっているのではないでしょうか。

しかし、はっきり知っておいてください。新入社員の仕事の大半は雑用です。

どんな仕事も覚えるまでは苦しいものです。

あなたの理想を全部かなえてくれる職場環境など、世界中どこを探してもありません。

これらはビジネスの世界では常識です。この常識から目をそむけているうちは、よその会社や今の仕事とは異なる職種が魅力的に見えるのは当然です。つまり、隣の芝生は青く見えてしまうものなのです。

隣の芝生が青く見えてしまい、さしたる理由もなく転職した人ほど、往々にして転職後に「前の会社の方がよかった」と後悔する傾向にあります。なぜならブラック企業ほど求人欄に好条件だけを並べるからです。

人間関係でも同じですよね。やましい人間ほど、自分の良いところだけを一生懸命アピールしてきます。そのような人をあなたはすぐに信用できますか？

普通に考えればできませんよね。しかし対象が人ではなく会社に変わったとたんに、コロッと騙されてしまうのだから不思議なものです。

実際に私の経営する会社でも、一度は転職したものの、数ヶ月後に「もう一度雇い直してください」と頭を下げてくる人が何人もいます。一度外に出て厳しい現実を知ったことで、いかに今まで自分が恵まれた境遇にいたのか、どれだけ自分の考えが甘かったのか、ようやく認識できたのでしょう。

また、好待遇、自由な社風、グローバルなネームバリューにつられて、外資系企業に転職する人もいますが、プラス面のみならずマイナス面についてもきちんと理解した上でのことなのか、私は心配でなりません。

外資系企業は完全実力主義ですから、成果があがれば高年収も夢ではありませんが、成果が出せなければ解雇となります。それだけでなく、経営状態によっては成果いかんにかかわらず給与の大幅カットや解雇もあり得ます。２０２２年にイーロン・マスク氏がＴｗｉｔｔｅｒ社を買収し、全取締役と従業員の約半数を解雇したことは記憶に新しいと思いますが、どの外資系企業でも同じようなことは繰り返されているのです。

そういった意味ではハイリスク・ハイリターンの世界です。よほど覚悟して臨まないと絶対に長続きはしません。

「井の中の蛙大海を知らず」ということわざの通り、見識が狭いと大切な局面で誤った判断を下してしまいます。転職も同じです。間違った選択をしたことに後悔しても、後戻りできません。転職した瞬間から今まで積み重ねてきたキャリアはすべてリセットされることを覚悟しなくてはいけません。

さらに言えば、一つの仕事すらまともに続けられないような人間が、転職でキャリアアップを望むのは不可能だということを、よく肝に銘じておいてください。

ですから、まずは「一つの仕事を究める」ことに集中しなくてはいけません。

仕事を究めるには、どの職種でもそれなりに時間がかかります。

第１章で述べた通り、寿司職人は一人前になるまでに10年以上かかるのが普通です。大工職人も5年から10年以上は必要と言われています。私の経営する会社のWeb業界でも、一流のエンジニアになるためには、やはり5年以上の実務経験を積んだうえで、技術の移り変わりの激しい業界ですから、常に最新技術を取得し続けなくてはなりません。

つまりどの仕事であっても、数々の失敗を繰り返し、血のにじむような努力をして、ようやく究められるものなのです。

したがって、一つの仕事を究めようともせず、入社後数年で仕事を放り出してしまうような人間がキャリアアップの転職など望めるはずがないわけです。

新入社員のうちから「今の仕事が楽しくて仕方ない」と感じる人なんてほとんどいません。みんな何かしら不満、苦痛、将来への不安を胸に秘めながら仕事をしているのです。

それらを乗り越え、プロのビジネスパーソンになってから、ようやくキャリアアップの道が開けてきます。仕事の深みや真の楽しさを覚えるのは、その頃からと言っても過言ではないでしょう。それまでは周囲の雑音や、甘い誘惑に惑わされず、一心不乱に目の前の仕事に没頭しましょう。

キャリアアップは、安易な転職で与えられるものではなく、あなた自身の努力で勝ち取るものなのです。

転職先のプロパー社員には絶対に勝てない

転職支援会社のエージェントは「中途入社でも出世に不利ではありませんよ」と言います。会社の求人欄にも「中途入社の人でも活躍できる職場」というようなことが書かれています。しかしそのようなうたい文句は詭弁です。**中途社員はプロパー社員と比べて著しく不利だ、というのが現実**なのです。

その理由を３つ説明しましょう。

まず挙げられるのは、会社側が中途社員を「即戦力」として採用するためです。周囲からは「仕事ができるから採用されたのだ」と思われますから、仕事のやり方を誰も教えてくれません。

一方で中途社員は、これまでのキャリアに対するプライドが強い傾向にありますから、自分から頭を下げて教えを請わない人が非常に多いと言えます。そのため、どの会社でも中途社員の多くが知ったかぶりをし、自分のやり方に固執しているのが実情です。

しかしいくら前職で同じような商品・サービスを取り扱ってきたとしても、環境や顧客が違えばやり方が変わるのは当然です。今までと同じやり方をしても、そう易々と成果は出ません。そのため、一から仕事を覚えた新入社員には絶対に追いつけないのです。

即戦力として採用したにもかかわらず、成果を出せず、プライドばかりが高くて、周囲から教えを請おうとすらしない……そんな人を評価する会社はどこにもないのは言うまでもありません。

次の理由として「吸収力」が挙げられます。

第2章でも話しましたが、新卒の場合、入社後3年以内にどれだけビジネスの良い習慣を身につけることができたかが、その後のビジネスライフの成否を決定づけます。それは入社後3年以内がビジネスライフの中で最も吸収力が高いからです。その後は吸収力が明らかに落ちます。そのため、同じ仕事であっても、新入社員の方が中途社員よりも覚えが圧倒的に早いわけです。

さらに、ビジネスの悪い習慣を身につけて入社してくる中途社員も少なくありません。上司からの指示通りに仕事をしようとしない、報連相をせず自分の勝手な判断で物事を進める、コスト意識が低い、ＰＤＣＡサイクルを回せない……全員が全員とは言いませんが、ほとんどの中途社員は何らかの問題を抱えているものです。そうでなければ前の会社でもっと評価され、充実したビジネスライフを送っていたはずであり、転職する理由がないからです。

一度身についてしまった悪い習慣を解消することは、なかなかできません。そしてその悪い習慣が、彼ら、彼女らの成長を阻害する原因にもなります。

中途社員と、これからドンドン成長していく新入社員――会社がどちらに力を入れて教育し、積極的に評価するかは説明しなくても明らかでしょう。

最後に、中途社員ほど「退職」しやすい点が挙げられます。

自分のやり方に固執し、吸収力も低いとなれば、新入社員にすら勝てませんから、若手社員にどんどん追い抜かれていきます。また、プロパー社員同士の結束は固く、よほどコミュニケーション能力が高くない限り、職場になじむことは難しいでしょう。

焦りと孤独感によって、自分の居場所がないと感じれば、誰でも会社を去りたくなります。そのような状況で、かつて利用していた転職サイトを何気なく開けば、ずらりと並んだ求人情報が魅力的に映り、再び転職したい気持ちが高まっても不思議ではありません。実際に、私の経営する会社でも、入社後わずか数年もしないうちに退職する中途社員もおりました。

さらに言えば、一度でも転職を経験した人は、ちょっとでも納得いかないことがあるとすぐに転職を繰り返す傾向にあります。転職することが習慣化してしまうのです。そういった事情を鑑みて、私の経営する会社では、先述の通り、非自発的退職者のみ中途採用をしております。

いつ辞めるかどうか分からない時限爆弾のような人材に、重要なポジションを任せられると思いますか？

当然ながら、定年まで職務をまっとうする優秀な中途社員もいます。ですが、そのような人間はごく一部であり、見極めるのは非常に難しい。したがって、同じくらいの能力であれば、入社後数年の中途社員よりも、コツコツと真面目に働いてきたプロパー社員の方が、会社としても安心して重要なポジションを任せられるものなのです。

以上が、中途社員がプロパー社員と比べて不利であると断言できる理由です。

もちろん、中途社員で活躍する人材も中には存在します。しかし、どんなに優秀でもプロパー社員に勝つことは難しいのです。それはたとえ、一流の大学を卒業し、有名企業の部長まで出世した人でも同じです。

私の会社でも、大手銀行で支店長クラスだった人たちや一流企業の元経営幹部の経験者を10名ほど受け入れたことがありますが、何ら会社に貢献することなく、数年のうちに去っていきました。いくら過去の肩書が立派でも、新たな会社に合わせて自分を変えていくことは非常に難しいことの証と言えます。したがって、中途社員が活躍できるのは、新入社員のいない部門、または、医療やＩＴエンジニアなど専門性の高い職種に限定されるのが現実であることも頭に入れておかねばなりません。

そのような事情から、私の経営する会社では、中途社員を新入社員が配属される部門には配属しないようにしています。

「事業には信用が第一である」とは、大河ドラマにもなった渋沢栄一の言葉です。この精神は現代でも日本の企業に脈々と受け継がれております。

そして「信用第一」であることは、会社とお客様の関係だけではなく、会社と従業員の関係にも同じことが言えます。つまり**会社から信用されなければキャリアアップはできない**ということです。

ビジネスパーソンが会社から信用を得るには、仕事で成果をあげるしかありません。先述の通り、成果こそが努力の結晶であり、あなたが困難に負けず、会社から命じられた仕事を真剣に取り組んだ証だからです。

したがって、転職先でも成果をあげなくては信用されないのは当たり前なのです。表彰された実績とか、前の会社の最終役職などといった「過去の栄光」で信用を得ようなどと考えてはいけません。そんなものは会社にとってはどうでもいいことだからです。

むしろ「中途入社」という事実だけで、すねに傷を持った状態ですから、信用がゼロどころかマイナスからのスタートであることを自覚しなくてはいけません。

プロパー社員の数倍以上の努力をして、ようやく彼ら、彼女らと同じスタートラインに立つことができるのです。時には自分よりも一回り以上も年下の社員に頭を下げて教えを請う必要もあるでしょう。もちろんそれで終わりではありません。プロパー社員よりも大きな成果をあげなくては、すぐに見放されてしまいます。ですから、入社してから退職するまで、ずっと人一倍の努力をし続けなければいけないのです。

転職で転落人生を歩みたくなければ、最低でもそれくらいの覚悟をすべきだと言えましょう。軽々しく「キャリアアップのために転職したい」と言えないことが、理解できたのではないでしょうか。

ブラック企業は社会から抹殺される

「もっと自分のことを評価してくれる会社があるはずだ」
「今よりもホワイトな会社はあるはずだ」
「もっと待遇のいい会社にいきたい」

などと考え、理想の職場を求めて転職を繰り返す――そのような人たちがいます。そんな人々のことを童話劇の『青い鳥』になぞらえて**「青い鳥症候群」**と呼んでいます。童話劇の『青い鳥』は、主人公のチルチルとミチルが幸せの象徴である青い鳥を探しに行くが、意外と幸せの青い鳥は身近にあることに気付かされる、というストーリーです。

ただし残念ながら、彼ら、彼女らの理想をかなえてくれる会社などありません。そのため、「青い鳥症候群」に陥ってしまった人は、いつまでたっても満たされることはなく、常に不満と不安を抱えながら過ごすことになってしまいます。まさに転落の人生を歩むことになるわけです。

ではどのようにすれば「青い鳥症候群」に陥らないようにできるのでしょうか？

それは現実を正しく把握することです。具体的に言えば、自分の実力や置かれた立場を知るのはもちろんのこと、「自分の会社が本当にブラック企業なのか」を冷静に判断することも含みます。

まず、はっきりと認識していただきたいのは、**若手社員のうちは、給料が低い、大量の雑用をこなさなくてはいけない、上司や先輩から怒られてばかり、というのは当たり前**という現実です。その理由を簡単に説明しておきましょう。

日本の企業の多くが終身雇用を前提とした新卒採用をおこなっているため、会社にしてみれば入社後の3年間については、「研修期間」であり、戦力として考えておりません。つまり、将来プロのビジネスパーソンとして活躍してもらうために、「投資」をおこなっている状態です。新卒の新入社員を雇用するコストは、本人の給与と研修費用はもちろんのこと、福利厚生費、社会保険料の会社負担分、その他の諸経費含めると、1人あたり3年間で1700万円程度が相場です。

あなた一人を新卒で採用し、一人前になるまで教育するにあたって、会社は1700万円以上のコストをかけているわけです。そのため、限られた給料しか支払われないのは普通のことだと考える必要があるでしょう。

また、「研修」といっても座学だけでは仕事を覚えられませんから、実践を通して教えていきます。すなわち、会社は若手社員に対し、同じ業務を何度も繰り返させることで、「できる仕事」の幅を少しずつ広げていくわけです。ですから、入社してからしばらくの間は雑用をひたすら繰り返す日々が続きます。

そして、仕事を覚えるまでは上司や先輩から、しつこく指導されます。時には規律や礼節について、厳しい口調で躾けられることもあるでしょう。彼ら、彼女らの指導を通じて、ただ単に仕事を覚えるだけではなく、「ここでミスをすると大きな事故につながる」というリスクを察知する力を身につけることができるのです。したがって、若手社員のうちは怒られて当然です。

以上のことから、若手社員のうちは、給料が低い、大量の雑用をこなさなくてはいけない、上司や先輩から怒られてばかり、ということが何らめずらしくないとよく理解できたのではないでしょうか。

しかし多くの若者がその現実を知りませんから、ちょっとでも気に食わないことが続くと「自分の会社はブラック企業だ」と勘違いしてしまいがちです。もし彼ら、彼女らの基準を正とするならば、日本の企業の9割以上がブラック企業になってしまうでしょう。

では、真のブラック企業とはどんな企業なのでしょうか？

それは「ステークホルダーを大事にしない会社」のことです。

会社は「ステークホルダー」からの信頼で成り立っています。「ステークホルダー」とは、会社と利害関係にある者のことで、株主、経営者、従業員、顧客、取引先、地域社会などがそれにあたります。

どんなに良い商品・サービスであっても、販売する従業員や購入してくれる顧客がいなければ売上は出ません。地域社会から疎まれるような会社は信頼されず、結果として廃れるでしょう。ですから、ステークホルダーとの信頼関係を大事にしている会社ほど、社会から必要とされ、長く続いていくものです。

一方で真のブラック企業は「利益」だけを大事にします。「成果至上主義」と呼ばれるような会社ほど、その傾向が強いのは言うまでもないでしょう。

それらの会社にとって従業員は「使い捨て」です。従業員たちは、低い給料で毎日終電ぎりぎりまで働かされ、残業代も出ず、過酷なノルマを達成できなければ厳しく叱責されます。

さらに顧客は「食い物」にすぎませんから、顧客にとって不利な内容の契約であっても強引な手口で締結させます。取引先には高圧的な態度を取り、相手の事情などを考えずに自分たちの都合だけを押し付けます。

商品・サービスが目新しいものであれば、設立当初は売上が上がるかもしれません。ですが長続きしません。次々と従業員は辞めていき、顧客や取引先も離れていきます。

経営を立て直すためには売上を上げてくれる社員が必要ですから、高額な初任給をエサに新卒社員を大量採用し、ろくに研修も受けさせずに飛び込み営業に回します。そのような状況では、礼節や規律を躾けることなどできるはずがありません。素行の悪い社員が増え、地域社会からも嫌がられることになるでしょう。

このように利益だけを追求するような会社は、ステークホルダーからまったく信頼されなくなります。社会には自浄作用がありますから、そのような会社は自然と淘汰され、そのうち必ず倒産していくのは明らかです。

つまり**真のブラック企業は社会から抹殺される**、ということです。

裏を返せば、設立10年以上たっている会社は、社会から必要とされている証拠と言えます。実際に設立して数年も持たずに会社を潰した経営者たちを何人も知っています。世の中に会社は星の数ほどありますが、長く続いているのはほんの一握りだけです。

したがって、今自分のいる会社が設立してから10年以上たっており、毎年順調に売上を伸ばしているならば、真のブラック企業とは言えません。

もちろん、そのすべての会社が「ブラック企業ではない」と断定することはできません。中には従業員を「使い捨て」のように扱う会社もあると思います。それから第1章でも話した通り、会社の風土が合う、合わないもあります。

しかし、少しでも気に食わない点があるからといって、安易に「自分の会社はブラック企業だ」と決めつけてはいけません。

先ほどから何度も話している通り、どの会社でも多少の残業はありますし、有給休暇だってなかなか取りづらい。失敗はつきもので、上司や先輩から怒られることだって日常茶飯事です。どの会社でも同じ。自分の会社だけではありません。

「青い鳥症候群」に陥らないためにも、今話したような現実を受け入れてください。決してSNSやマスコミに踊らされてはいけません。


自分の今いる環境に文句を言ったり、逃げ出したりするのは簡単です。そうすることで、一時的に苦痛から逃れられるかもしれません。しかしそれではいつまでたってもプロのビジネスパーソンにはなれません。ずっと中途半端なまま、何者にもなれず、無駄に年齢を重ねていくだけです。そんなビジネスライフを送りたくはないですよね。

であれば、苦難に負けず、目の前の仕事をきっちりこなせるよう努力を積み重ねてください。仕事で成果を出せるようになれば、あなたへの評価も周囲の環境も変わっていくはずです。その頃には転職せずとも楽しく働けるようになるものです。

つまり、**あなた自身が変われば、周囲の環境も変わります。あなた自身が変わらなければ、どこへいっても同じことの繰り返しです**――もしＳＮＳなどを通じて、他の会社が良く映ってしまったら、このことを思い起こしていただきたいのです。

嫌な上司はそのうちいなくなる

若手社員の退職理由として「人間関係」を挙げる人もいます。とくに「上司」との関係に頭を悩ませている人が多いのではないでしょうか。

しかし「他人から嫌われたい」と考えている人など、この世に誰一人としていません。ましてや同じ職場で働き、同じ目標を追っている相手なら、なおさらでしょう。あなたの上司が、あなたと良好な関係を築くことを望んでいるのは疑いようがないのです。

とは言え、会社の管理職者は部下の成長に責任を負っております。つまり、自分の部下に対して、プロのビジネスパーソンとして相応しい能力とマナーを身につけさせるミッションを背負っているわけです。

そのため、上司は部下に対し、時には厳しく指導、躾をしなくてはなりません。**あなたの上司がいつも厳しいのは、あなたの将来を考えてのこと**です。部下の顔色ばかりうかがって、毅然とした態度で指導ができなければ、管理職者とは言えません。

もちろん今話したようなことを、頭で理解している人も多いのではないかと思います。それでも人間は感情の生き物ですから、他人から叱られて「嫌だなぁ」と思わない人はいません。相手が親であっても、嫌な気分になります。ですから、若手社員が上司や先輩に対して良い印象を持ちづらいのはごく普通のことなのです。

以上のことを知らないまま、上司や先輩が嫌だからという理由だけで転職してしまうと、次の職場でも同じように人間関係に悩まされることになるのは明白です。仮に上司や先輩に良い感情を抱けなくても、「それが普通なのだ」と腹をくくらねばなりません。

それでも、嫌な上司のもとで続けるのはストレスが溜まります。でも、安心してください。**嫌な上司はそのうちいなくなるのも現実**です。その理由を2点挙げておきます。

まず1点目は、日本の会社には「ジョブローテーション」という考え方があるからです。中小企業やベンチャー企業でない限り、数年もすれば、あなた自身が他の部署に移ることになるでしょう。もしかしたら上司や先輩の方が先に異動になるかもしれません。

理由の2点目は、会社と同じで管理職者にも自然の浄化作用が働くからです。例えば、指示した作業内容があいまいにもかかわらず、部下が失敗するたびに感情的に怒鳴り散らすような人がいたとします。そのような上司のもとでは部下は育ちません。先ほども話した通り、上司は部下の成長に責任を負っていますから、部下が育たなければ責任を取らされるのは当然です。そのため数年もしないうちに役職を外されることになるでしょう。

つまり、真のブラック企業が社会から抹殺されるのと同じように、真のブラックな上司は会社から抹殺されるのです。

これらの理由から、仮に嫌な上司や先輩に悩まされていたとしても、ほんの数年だけ我慢すれば解放されると言えます。そう考えれば、少しは気が晴れるのではないでしょうか。

人間誰しも相性がありますから、合う、合わないはあります。生まれてくる子が親を選べないのと同じで、入社後にどのような上司や先輩にあたるのかは運不運でしかないわけです。もしもあなたが上司や先輩との人間関係が原因で体調を崩してしまうようなら、会社を去った方がよいでしょう。

しかし、そうだとしても、**他人との人間関係が理由でせっかくのキャリアをリセットしてしまうのは、たとえ新入社員であっても、もったいないとしか言えません。**

しょせん、他人は他人です。自分の思い通りにできる人なんていませんから、たとえ厳しく叱られても「こういうものだ」と割り切ることが大切です。

さらに言えば、上司や先輩との人間関係にとらわれてしまいがちな人は、**もっと自分自身に目を向けるようにしましょう。**そうすれば感情的にならずに、なぜ叱られたのか、どこをどのように直せばいいのか、など、指摘された点を冷静に振り返れるようになります。結果として自身の成長につなげることができるのです。

おわりに

戦後の日本は、高度経済成長期を経て、非常に裕福になりました。

何らかの事情で働くことができなくなっても、生活保護制度を用いれば、生きていくうえで最低限の収入は保証されます。また医療や住宅などの生活に必要不可欠なものについては、手厚い補助を受けることもできます。つまり今の日本では、「国が生活を守ってくれるのが当たり前」であり、日本人の多くは、自分が様々な人に支えられていることに何の疑問も感じていません。

朝起きたらご飯ができているのは当たり前、学校に行くのは当たり前、安全安心に暮らせるのは当たり前……このような環境で育ってきた人がほとんどでしょうから、周囲の人への感謝が薄れるのは仕方のないことかもしれません。

しかし本当にそれでよいのでしょうか?

私は国の制度を見直すべきだ、とは言いません。ですが、「国が生活を守ってくれるのが当たり前」という考え方こそが、自分の利益だけを追求する「ミーイズム」の元凶であることは疑いようがありません。私たち日本人は、他人から支えられて生きていることを自覚し、周囲に感謝する気持ちを思い起こすべきだと思います。

すなわち、あなたが「当たり前」と思っていることの裏では、必ず誰かが苦労していることを知っていただきたいのです。

朝起きてご飯が出てくるということは、お母さんがあなたよりもずっと早起きして台所に立っているからです。

あなたが楽しく学校に通っていた裏では、お父さんが毎日夜遅くまで残業して学費を稼いでいました。

あなたが身の危険を感じることなく暮らせているのは、街の安全を守っている人たち、世の中のルールを作っている人たち、あなたをそばで見守ってくれている家族や近隣の人たちのおかげです。

ビジネスも同じことが言えます。

会社が快適に働く環境を整えるのは当たり前、働いているのだから給料がもらえて当たり前、自分の得にならない人とは会話しないのが当たり前――心のどこかでこのように考えている人が、老若男女を問わずなんと多いことか。

しかし思い返してみてください。
あなたが会社で安全にインターネットを利用できるのはなぜですか？
総務部の社員たちが、一生懸命メンテナンスしてくれているおかげです。
毎月遅滞なく給料が出るのは、経理部の社員たちの正確な事務処理のおかげです。
快適なオフィスで仕事ができるのは、警備員や清掃員の方々がビルの隅々まで回ってくれているおかげです。

一見すると何の関わりのない人たちであっても、あなたのビジネスライフを何らかの形で支えてくれています。そうした人たちとのつながりを感じ、彼ら、彼女らに感謝する気持ちを忘れないでいただきたい。

そして、受けた恩に報いることを常に頭に入れておいてください。そうすれば、自然と「ミーイズム」は消えてなくなります。

「おはようございます！」「ありがとうございます！」と、笑顔で挨拶できるようになります。人あたりが良くなり、様々な人とのコミュニケーションも増えるでしょう。困っている人がいたら、たとえ自分の利益にならなくても、手を差し伸べることができるようになるはずです。

結果、人間関係が豊かになっていきますから、いざという時にあなたを助けてくれる人が多くなります。

ビジネスは誰にも負けない能力を身につけただけでは成功しません。身につけた能力を何に使うかで、最終的な成否が決まります。もし自分の利益を最優先し、他人を蹴落とすためだけに使えば、いつか必ず大きな落とし穴にはまります。他人を助け、社会に貢献することで、はじめて対価を得られるのです。

つまり他人を大切にできない人間は、いくら仕事ができるようになっても、絶対に成功できないものだと、胸に刻んでいただきたいのです。


それからもう一つ。他人との関わり合いの中で忘れないでほしいのは、「他人と比べてはいけない」ということです。

とかく若いうちは、他人と比べたがります。とくに今はＳＮＳを通じて多くの人と気軽につながれる時代ですから、他人の情報はすぐ目に留まります。誰かよりも恵まれた環境にいれば優越感に浸り、少しでも恵まれていないと感じたらすぐに劣等感を覚えます。

しかし、ビジネスもプライベートもまったく同じですが、他人と比べることほど愚かで無駄な労力はありません。まったくの無意味です。ストレスを生むだけで、マイナスにしかなりません。

ですから、同僚と比べて多少遅れていても気にする必要はまったくありません。大学の友達から自慢話を聞かされてもうらやんではいけません。他人は他人。競うべきは他人ではなく、昨日までの自分です。自分自身に打ち勝つことのみに集中してください。

はっきり言っておきますが、1年や2年の遅れくらい、長いビジネスライフからしてみれば、まったくたいしたことではありません。大器晩成という言葉の通り、かたくなに自分自身の可能性を信じて、じっくりと実力をつけた人が最後は勝ちます。

言うまでもありませんが、時間はかかります。日々ちょっとずつしか成長しませんから、はたして自分が目標の姿に近づけているのか、疑心暗鬼に陥ることもあるでしょう。同僚や後輩が成果をあげれば、自己嫌悪に襲われる時だってあります。

しかし、努力は必ず報われます。

結果が出ないということは、努力がまだ足りないからです。

だから思い通りの結果が出なくても、他人や環境のせいにしてはいけません。全部、自分の責任です。あなた自身が背負わねばなりません。

その重みに耐えきれず、途中で諦めてしまう人もたくさんいます。楽な方へ逃げるのは簡単です。でもそんなことを一度でもすれば、逃げ癖は一生直りません。これまでの積み重ねもリセットされます。後悔しても、もう後戻りはできません。

したがって、結果が出なくても、目的意識を忘れず、愚直に努力し続けた人だけが真の成功を掴み取ることができるわけです。

さて、本書はこれで終わりますが、読み終えた瞬間からが勝負です。今から変わらなければ、いつになっても今のままです。ですから今から行動してください。

今日の新聞をまだ読んでいなければ、今すぐに目を通しましょう。
ダイアリーに何も書かれていなければ、まずは線を引くことから始めてください。
目標がなければ、今すぐ作って、ダイアリーに書きましょう。
抱えている難題があれば、もつれた糸を解きほぐすように解決しましょう。
雑用を抱えているならば、すぐに片づけてしまいましょう。
作業は今日中に片づけられるよう、スケジュールを組みましょう。
上司に報告し忘れていることがあれば、今すぐ上司の席へいきましょう。
あれこれ考えず、命じられた仕事を、言われた通りにこなしましょう。
そして、あなたの横をすれ違う人に元気良く挨拶しましょう。

できていないことは恥ではありません。やらなくてはいけないと知っていながら、行動を変えようとしないことこそ、恥ずべき行為と言えます。今からできるようになればいいのです。「千里の道も一歩から」のことわざの通りに、まずは一歩踏み出すことが大切です。

では、あなたが一つでも多くの良い習慣を身につけ、ビジネス社会で大いに活躍することを祈って、本書を締めくくりたいと思います。

2023年1月

井上 恒郎

[著者]
井上恒郎（いのうえ・つねろう）
株式会社あとらす二十一代表取締役
1979年に同社を設立後、1996年に当時まだ未知数だったインターネットの可能性にいち早く着目し、Webサイトの構築事業を開始。大手通信会社をはじめ、数々の日本を代表する大企業に対し、Webサイト立ち上げのコンサルティングや人材育成を手がけるなど、Web業界の黎明期から業界を牽引してきた。その結果、同社の顧客は上場企業の3分の1以上に及び、名実ともにWebソリューションのリーディングカンパニーに発展させた。
「人として、プロのビジネスパーソンとして、信頼され、お客様から最も愛される企業でありたい」という経営理念を掲げ、IT業界における売上・利益至上主義とは一線を画し、浮利を追わない経営姿勢を貫いている。

あなたのビジネスライフは入社3年で決まる

2023年1月17日　第1版発行

著　者――――井上恒郎
発行所――――ダイヤモンド社
〒150-8409　東京都渋谷区神宮前6-12-17
https://www.diamond.co.jp/
電話 03-5778-7235（編集）　03-5778-7240（販売）

装丁・本文デザイン――轡田昭彦＋坪井朋子
校正――――鷗来堂
製作進行――――ダイヤモンド・グラフィック社
印刷――――信毎書籍印刷（本文）・新藤慶昌堂（カバー）
製本――――川島製本所
編集担当――――加藤貴恵

ISBN 978-4-478-11690-6